高等教

空间·设施·要素
Space·Facilities·Element

环境设施设计与运用（第二版）

（本书受"教育部新世纪教学研究所高等学校教学资源建设立项项目"部分资助）

杨小军　梁玲琳　蔡晓霞　编著

中国建筑工业出版社

图书在版编目（CIP）数据

空间·设施·要素　环境设施设计与运用/杨小军等编著.—2版.
北京：中国建筑工业出版社，2009
（高等教育工业设计专业系列教材）
ISBN 978-7-112-10843-5

Ⅰ.空…　Ⅱ.杨…　Ⅲ.城市公用设施-环境设计-高等学校-教材
Ⅳ.TU984

中国版本图书馆CIP数据核字（2009）第040229号

责任编辑：李晓陶　李东禧
责任设计：赵明霞
责任校对：王雪竹　孟　楠

高等教育工业设计专业系列教材
空间·设施·要素
环境设施设计与运用（第二版）
杨小军　梁玲琳　蔡晓霞　编著
＊
中国建筑工业出版社出版、发行（北京西郊百万庄）
各地新华书店、建筑书店经销
北京嘉泰利德公司制版
北京云浩印刷有限责任公司印刷
＊
开本：787×1092毫米　1/16　印张：11¼　字数：280千字
2009年7月第二版　2009年7月第四次印刷
印数：6001-8500册　定价：42.00元
ISBN 978-7-112-10843-5
　　（18085）

总 序（第二版）

　　《高等教育工业设计专业系列教材》推出以来，鞭策之褒、善意之贬分至沓来，更有许多同道者本着对专业的热情和对教育事业的关心，纷纷加入本系列丛书再版的编撰行列，为保障本次续编工作的开展与完善成为可能，这正是我们期待的结果。

　　中国的工业设计教育正处在发展的重要历史时期，一方面，工业设计专业教育虽然在我国近年来有了迅猛发展，现有设置工业设计专业的高校 200 多所，大大超过了绝大多数的传统专业。然而，面对高等教育普及化的人才培养，专业教育不仅面临培养模式的转型，同时，在健全和完善专业教学体系等方面，也已成为众多设计院校教学改革的重心。本着这一宗旨与要求，我们推出《高等教育工业设计专业系列教材》以来，不仅赢得同道的关注与支持，而且也一定程度地推动了专业教学体系的健全和完善。许多高校纷纷来电订购，因此，系列教材为满足教学需要，再版重印已有三次之多。然而，另一方面，工业设计面临发展、改革与提高等诸多问题，专业课程教学的课程结构、内容和教学方法的建设，更是教学改革的重中之重，它不仅是推动专业人才培养目标的完善，而且也是不断促进与提高教学质量的重要保障。因此，根据本系列教材试用两年以来的反馈信息，进一步编撰修订本套丛书的思想和内容十分必要，也符合本专业教学体系的建设和课程探讨改革发展的需要。

　　本系列丛书在第二次 8 卷修订与编撰过程中，在保持策划初衷的基础上，针对课程体系的结构、内容和教学方法的建设，将进一步调整完善。增加了产品设计 Illustrator 、Cinema4d 辅助产品表现，同时针对工业设计的实际应用，增加了必要的模具与材料的应用知识，并聚集来自不同高校的教学思想与方法，在保持课程教学稳定与规律的同时，新订教材注重突出特色、强化过程和体现多元化的教学风格。

　　系列丛书的再版续编获得各方专家学者的支持与帮助，在此，对专家学者和同仁们的鼓励，对所有参加编写工作人员付出的辛勤劳动，以及对中国建筑工业出版社的支持表示衷心的感谢！

《高等教育工业设计专业系列教材》 主编

2009 年 5 月杭州

前 言（第二版）

在 21 世纪这个新经济时代，各个设计专业间交叉十分频繁，呈现出许多新型的专业结合点。全国各大设计院校也都在进行不同程度的设计教育改革。在这种大环境下，教材建设作为教学教育改革的一个重要环节，理应受到重视。

环境设施，作为城市空间的重要组成部分，它是决定建筑外部空间（包括半室外空间，又称"灰空间"）功能的基础和表现外部空间形式的重要元素，既属于环境艺术设计范畴，又属于工业设计范畴。同时它又是环境艺术设计与工业设计专业交叉与渗透的必修课程。我们常说："设计是相通的"，这是指艺术设计学科的共性与各专业的特殊性之间的关系。学科的交叉不仅可以进一步论证各自学科的科学性，而且可以触发本专业的许多灵感。对环境设施设计进行教学研究，使设计教育从以课程为中心向以课题为中心转变，按学时分阶段以相关的设计课题对环境设施设计进行拓展训练，使教材的系统性和完整性与课堂教学内容和形式形成互动。针对教学对象的特点（艺术类学生感性认识较好，而理性逻辑不够）和教学模式（注重启发式与案例式教学）的不同，更为注重理论与应用并重，充分体现艺术设计的集成性和跨学科性，实现学科交叉渗透。

《空间·设施·要素——环境设施设计与运用》由中国建筑工业出版社于 2005 年 4 月第一版第一次印刷出版，受到了国内高校的普遍重视，得到较高的评价与反映。几年来应高校的大量订购需求，进行了第二、第三次印刷发行，征订使用的效果良好。为了更好地建设教材，服务于教学，积极提高专业教学应用和推广价值。本教材的第二版是在第一版的基础上进行修订，主要是对原有教材框架体例作进一步整合完善。目的在于进一步丰富与完善教材内容，提高教材使用的实际应用性、可持续性和可操作性，打造一部适合相关专业教学、参考之用的精品教材。具体如下：①原"引言"部分调整增设"现代艺术的流变对现代设计的影响"，目的是从宏观的概念理清现代设计的发展过程；增加对空间的释义及与环境设施的关系的论述。②针对学科发展与社会进步的背景，在概述部分增设"环境设施的发展趋势"一节。③增加"课程实践——环境设施设计构思与展开"一章，对环境设施设计的程序、方法作出教学实例分析，使学生建立"模型"概念，增强学习的目标性。进一步突出环境设施在城市空间环境中的实际运用，增强工业设计与环境艺术设计专业间的交叉与渗透。④对其他章节的文字内容进行梳理整合，调整参考图例 80% 以上。

　　本教材是编著者近几年来从事本专业教学与科研所取得的成果与心得总结。当然在整个成书过程中也得到相关人士的帮助，感谢中国建筑工业出版社李晓陶编辑的热心支持，感谢研究生陈兆倩在本书第二版的资料收集作出大量工作，感谢浙江理工大学艺术与设计学院 05 级环艺 2 班、06 级工业设计 2 班的同学们的课程教学配合。由于时间和联系方式的不便，一些文字和图片资料的作者未作说明，在此一并表示最诚挚的感谢。

　　由于我们的水平有限，加之时间仓促，书中肯定有许多不足之处，恳请有关专家和广大读者批评、指正，我们不胜感激。

杨小军

2008 年 12 月于浙江理工大学

景观建筑师哈普林：

　　"在大城市中，建筑群之间布满了城市生活所有的各种环境陈设，有了这些设施，城市空间才能使用方便。"

目 录

第3章　环境设施的分类

第4章　环境设施的设计原理与方法

第 6 章　课程实践——环境设施设计构思与展开

第1章 | 引 言

1.1 现代艺术的流变对现代设计的影响

1.1.1 现代艺术

　　20世纪初期的前20年，是彻底改变人类命运的时期，社会的政治、经济、文化受到强烈震荡。尤以科学与技术的进步，极大地改变了社会面貌，由于汽车（1885年）和飞机（1903年）出现，彻底改变了交通方式。电影（1891年）和无线电通信（1895年）的发明，预示着人类资讯进入了一个全新的时代。在这种特定的历史背景下，整个艺术经历了一系列突破性的革命，传统艺术的文化价值、社会作用和组织系统不断受到质疑，整个传统文化的艺术价值系统被打碎。此时，现代艺术运动的兴起，出现了活跃在美术领域中的一些现代主义前卫流派，如立体主义、达达主义、超现实主义、结构主义等。

　　现代艺术风格演变、手法变幻频繁，不断出现新的种类与特点，这些现代艺术的流变，一直影响着现代设计的发展（图1-1）。比如立体主义第一个在现代主义绘画中有意识地摧毁自文

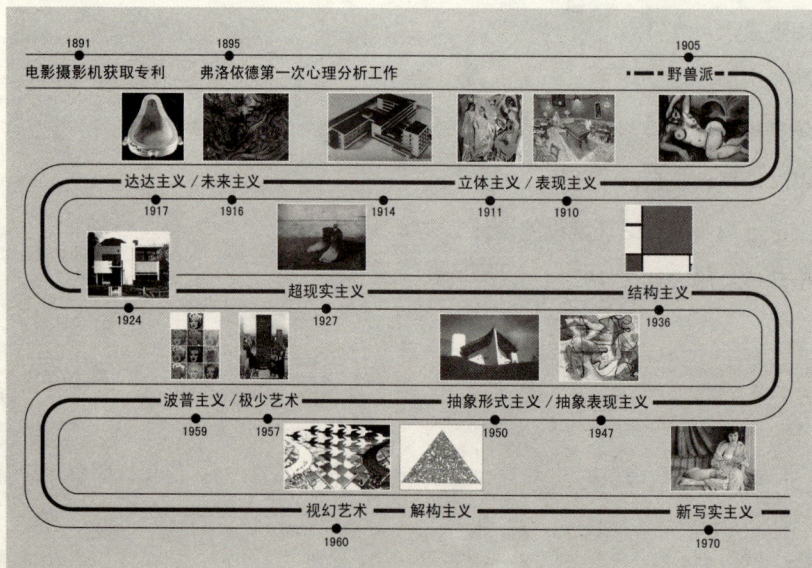

图1-1 20世纪重要的艺术流派

|图 1-2　乌特勒支住宅 G·里特维尔德

艺复兴以来流行的再现体系，之后发展成综合立体主义，它对客观对象的分析、重构和综合处理的艺术观念，强调对平面结构的分析和组合，并把这种组合系统化，成为在第一次世界大战后影响欧美大陆的国际运动。立体主义启迪了以后的荷兰"风格派"设计运动（图 1-2、图 1-3）、俄国的"构成主义"运动，在"包豪斯"的设计教学中得到进一步的深化和发展。

基于工业文化的现代艺术，在认识观和价值观方面都与机器生产保持一致，现代艺术的抽象化和几何化的表现形式，使

|图 1-3　红黄蓝　蒙德里安

现代设计在艺术形式上尝试着从具象向抽象转变，由直观具象联想向着抽象化、符号化的环境创造。如为纪念法国大革命100周年的纪念建筑——巴黎埃菲尔铁塔（图1-4），突破了欧洲传统建筑的样式，用严谨力学结构的裸露钢架，体现一定的秩序与规律，正顺应了结构主义早期的作品在裸露的结构中寻找动势空间的美。

1.1.2 现代设计

何为现代设计？

以德国现代主义建筑大师格罗皮乌斯为首任校长的包豪斯无疑是现代设计的先祖（图1-5）。包豪斯创建了现代设计的基础，提出了"艺术与技术合而为一"的现代设计观念，从而推动了一个划时代的设计运动。当然包豪斯的发生与发展，离不开欧洲现代艺术风起云涌的大气候，它并不是一个永世不变、牢不可破的准则，它只是整个设计史中不可或缺的一环。今天，设计的又一次革命因技术的发展而发生，它具有新的形态、节奏和模式，改变着人们的生活和行为，形成了现代设计的几大原则，即合理选材、因材施技、科学构造、使用便利、精美愉悦的原则。

现代设计是基于现代社会、现代生活的计划内容，其决定因素包括现代社会标准、现代经济和市场、现代人的功能与审美需求、现代技术条件、现代生产条件等等几个大的基本因素，是为现代市场、现代经济和现代社会提供服务的一种积极的活动。随着世界各国现代设计的进步和科学技术的发展，设计形式的多元变化，正迅速改变着城市的形态架构和人们的生活结构，使人们的时空概念、生活内容、活动范围、人际关系等产生了巨大的变化，而这一切又进一步影响到人们的价值观念、思维方式、审美情趣和生活哲学。

在21世纪的城市化进程中，城市空间、环境质量、功能需求在商业浪潮的影响下，正发

图1-4　埃菲尔铁塔　高300m，建于1889年，现已是法国巴黎的标志性景观建筑

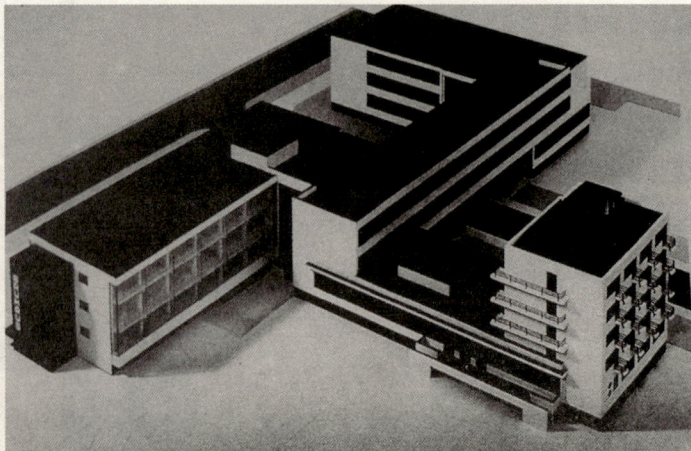

图1-5　德国包豪斯校舍 1925年

生深刻的变化，许多蕴藏文化与历史信息的产物被人遗忘，正逐渐消失。现代主义的危机使人们开始关注人的个体对时空的体验及自我认同，这些变动对人的心理和行为都会发生影响，由此亦产生了新的都市体验（图1-6、图1-7）。

所以，今天来谈现代设计，必须用更宽阔的视野来看设计的位置与角色。我们要清醒地认识自己所处的时代，了解这个时代背后的文化、社会、技术发展历程，关注东西方文化的交互影响，判断与应对今后设计的发展状况，将设计置于完整的社会、历史、环境等大背景中进行研究。

现代设计是以人为核心，反映了人的自主精神的强调以及物为人用的宗旨。在现代城市环境建设中，建筑、景观、环境设施和人之间形成了有机平衡关系，环境设施、建筑景观共同为人的需求服务。

|图1-6 城市个性化庭院空间

|图1-7 城市滨水景观空间

1.2 空间、设施、要素

1.2.1 空间的含义与类型

"空间"，按照空间的规模以及与人类生活关系的远近，在人类生活的环境周围存在着各种各样的空间，如宇宙空间、大气空间、城市空间、街道空间、建筑空间……其中，城市空间以下的空间是人类聚居和活动的场所，与人类生活、工作具有密切的关系。

空间通常被区分为两种形式，一种是知觉感官的现象，另一种是主观的认知过程。因此，从哲学上来理解，空间是指物质存在的广延性。从建筑规划设计上来解释，则是指被三维物体所围住的区域，形成内、外两种空间。环境设施设计就是在这样的内部空间和外部空间中创造出满足人们的意图与功能，形成一个舒适、方便、高效、合理、安全、经济、个性化的积极空间的过程（图1-8）。

在设计活动中，空间实质上是由一种场所、环境或一种物体，同感觉它的人之间所产生的一种相互关系。一般可以把空间分为以下几类。

1. 辨证空间

空间这个概念有着相对和绝对的两重性，这个空间的大小、形状被其围护物和其自身应具有的功能形式所决定，同时该空间也决定着围护物的形式。对于空间及其围护物之间这种辩证关系，老子的解释为："捏土造器，其器的本质不再是土，而是当中产生的空间，反之，其器破碎，空间消失，其碎土又还原为土的本质。""有形"的围护物使"无形"的空间成为有形，离开了围护物，空间就成为概念中的"空间"，不可被感知；"无形"的空间赋予"有形"的围护物以实际的意义，没有空间的存在，那围护物也就失去了存在的价值（图1-9、图1-10）。

2. 动态空间

空间是物质存在的广延性，时间是物质运动过程的持续性和顺序性，两者是不能分开的。空间并不是一个视点所束缚的静的视野，对空间完整的感知要花费时间才能形成。换言之，空间的体验是运动性的。动态空间是在三维空间加上"时间"这一概念，充分运用时间这"第四维"创造空间的动态形式。引导人从"动"的角度观察空间，把人带入一个由时间和空间相结合的"第四空间"，其界面组织具有连续性和节奏性，常使视线从一处连续转向另一处。化静止为流动，产生连续的运动的空间，空间形态极富流畅度和引导性（图1-11、图1-12）。

3. 积极空间与消极空间

日本建筑师芦原义信认为，所谓积极空间，

图1-8 广东岐江公园红色"盒子"景观

图1-9 陶罐

图1-10 伞下临时空间

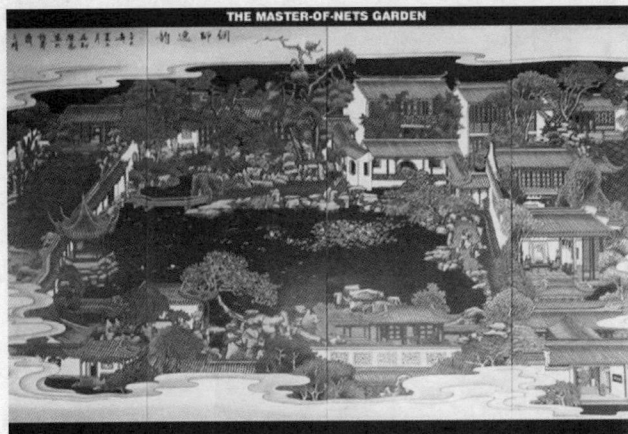

|图 1-11 江南园林－网师园

|图 1-12 网师园半亭看竹外一枝轩

意味满足人的意图，是有计划性的；而所谓消极空间是指空间是自然发生的，是无计划的（图 1-13）。积极空间就是能提供人们交往的场所，而随着交往的发展，空间也不断地向更高级、有机化方向发展，反之，即为消极空间。

4. 心理空间

所谓心理空间是指没有十分完备的隔离形态，也缺乏较强的限定度，靠部分形体的启示，依靠联想和"视觉完整性"来划定空间，又称"虚拟空间"（图 1-14）。

图 1-13 由于被框框所包围，外部空间建立起从框框向内的向心秩序，在该框框中创造出满足人的意图和功能的积极空间。相对地，自然是无限延伸的离心空间，可以把它认为是消极空间

图 1-14 拉·维特公园长廊－屈米

5. 功能空间与结构空间

从广义的角度看，所有的建筑空间都是一种容器，它不仅容纳物和人，而且为人的活动提供了必需的空间。不同的物需要不同的容器来盛放，不同的功能要求不同的空间尺度形状和结构。反之，不同的空间结构和组织适应不同的功能需求。

结构空间是对结构构思及营造技艺所形成的空间环境，增强建筑空间艺术的表现力与感染力，体现结构本身的现代感、力度感、科技感和安全感（图1-15）。

图1-15 暴露结构的空间显示特定的设计工作空间性质

1.2.2 城市空间与环境设施

环境设施是城市空间环境中有机的组成部分，是一个城市文脉的载体，是人们活动的空间装置与依附。城市空间中各个环境设施的配搭与组合关系决定了城市的空间形态、空间氛围、功能及人文特征（图1-16）。

1. 空间介质

每个城市空间中都需要特定的环境设施，构成一定功用的环境内容，为人们能在空间环境中更加轻松、舒适、便利等提供了帮助。从城市空间的整体规划来看，空间介质的不同导致环境设施在形态、色彩、材质、肌理的选择等方面出现本质性的差异。比如空中的飞机、水面上的船和陆地上的汽车，同为交通工具，由于其赖以行进的空间介质（空气、水、地面）不同，这三者即使功能相同也会呈现出不同的形态特征。因此，环境设施要与整个空间介质相协调，形成良好的视觉景观（图1-17）。

图 1-16　杭州大厦 LV 专柜的箱子外观造型，与原有建筑形成较强的视觉印象

图 1-17　户外坐椅：户外因为日晒雨淋的环境特点，户外的休息椅就要与室内的坐椅不同，就要求坐椅具备不积水、便于清洁的特点

020

2. 空间尺度

环境设施的造型尺度受制于环境设施使用对象的人体尺度、设施内部的结构关系和设施所处环境的制约关系等多种因素。而设施所安装、放置环境的空间尺度，对其有着决定性影响。如户外路灯基于大范围的道路照明使行人、车辆能正常通行，它们的高度要高于路面行驶车辆的高度。同样，放在公共环境的烟灰缸与摆在家里的烟缸也是不同的（图1-18）。

3. 城市空间的人文特征

从城市个性来看，由于不同的城市空间形成的历史文化传统背景的差异，不同空间所显现的空间性格、人文特征是大不相同的。环境设施作为城市环境系统中一个组成部分，首先必须要与具体的空间环境条件相适应和协调，以人们需求的安全、健康、舒适、效率的生活基准为目标，从中构想和表现出不同需求的环境设施，表达出强烈的时代精神和文化气息，以及现代环境设施的综合、整体、有机的创新理念。同时，环境设施的风格特点也要受空间人文特征的制约。所以从设计的角度上看，人文环境是非常重要的影响因素，对一些特定情况，可以说它是进行环境设施设计的前提和评价标准（图1-19）。

图1-18 路灯

图1-19 上海外滩与空间形象融合的灯具设计

第2章 | 环境设施设计概述

2.1 环境设施的概念

环境设施在我国统一的概念还未正式确定，一般泛指建筑室内、室外环境中一切具有一定艺术美感的、设置成特定功能的、为环境所需的人为构筑物。环境设施产生于英国，英语为 street furniture，直译为"街道的家具"，类似的词汇有：sight furnieare（园林装置）、urban furniture（城市装置）、urban element（城市元素）等。

随着我国经济的迅猛发展，人们的生活价值观念和消费观念都发生着深刻的变化，人们对生存的环境质量有了更新、更高的要求。尤其在城市空间环境设计中，出现了大量的具有时代感、艺术性、功能和形式相结合的环境设施，这些将成为现代城市环境的一道亮丽风景线，展示出它特有的迷人魅力。这些环境设施不仅反映着使用者的个性、生活观，也可以引导人们的行为，可以提高空间环境的质量。因此它的设置、质量都要能为人们提供更安全、健康、舒适、高效的生活，并在城市环境中发挥着越来越重要的作用（图2-1、图2-2）。

进入21世纪，世界各国有关环境问题尤其是城市空间环境问题以各种形式出现，环境设

图2-1 穿越建筑的卡通猫

图2-2 地面铺装的图案、色彩与周围环境氛围相协调

计的思维方法和理论也在不断地提高。正如著名建筑大师密斯·凡·德·罗所说："建筑的生命在于细部。"环境设施作为城市规划、建筑设计、环境景观设计、室内设计中的一项重要设计因素正得到重视，它同样影响着整个空间环境形象。环境设施的设计品质与设置齐全与否，直接体现出该空间环境的质量，更表明了一个城市的精神文化、艺术品位与开放度。

2.2 环境设施在城市景观设计中的意义

环境设施不仅是城市景观环境的独特组成部分，更重要的是它已经成为城市景观环境中不可或缺的整体化要素。它与建筑物共同构筑了城市空间环境的形象，反映了一个城市的景观特点，表现了城市的性格与气质，以及城市的经济发展状况和市民的精神风貌。

环境设施与城市的社会环境、经济环境、人文文化环境有着较为密切的联系。它属于环境景观规划的范畴，是城市规划的重要组成部分。环境设施的设计应更加注重与自然、环境、建筑融为一体进行整体性设计，才能增强环境设施设计的实际意义（图2-3、图2-4）。

环境设施不仅是空间环境中的元素，更是环境景观的创造者，在空间环境中扮演着非常重要的角色。由于环境设施的存在，为空间环境赋予了积极的内容和意义，丰富和提高了城市景观的品质，改善了人们的生活质量，使潜在的环境变成了有效的环境景观，具有重要的意义。

现代环境设施以整体性、科学性、艺术性、文化性、休闲性的形象展现在现代城市景观环境中，与人们的生活、文化息息相关（图2-5～图2-8）。它在一定程度上是社会经济、文化的载体与映射，也是人的观念、思想的综合表象。社会的发展，人们对环境景观的要求不断提高，出现了不同功能、不同形态的高质量、高效率、高技术的环境设施。这些环境设施不仅为城市

图2-3 杭州信义坊街区内的情景雕塑　图2-4 花坛装饰的时钟

图 2-5　富有各种表情的情景雕塑（左上）
图 2-6　纽约亚克伯·亚维茨广场的曲线椅（右上）
图 2-7　杭州西湖西线的印章石刻，体现出浓厚的文化含义（左下）
图 2-8　利用正负形原理设计制作的皮影装置（右下）

空间环境提供了具体的功能，而且也反映了对人的关怀，环境设施的设计主旨已到了"关注人的设计"的阶段。

　　环境设施的设计、施工和使用反映出一座城市的文化基础、管理水准以及市民的文化修养。环境设施的设计不能停留在表面层次上，而是包含在文化形象中的空间景观环境，更需与时代发展相适应，运用高技术、高手段，注入深情感，进行高品质、高层次的设计与运用。

2.3　环境设施的特征

　　现代城市环境是人们赖以生存的空间，环境设施作为空间环境的组成要素，具有科学、艺术和人文三方面要求，三者密不可分，相辅相成。不同的环境设施，对这三方面要求的侧重点有所不同，反映出的特征也有所偏差，但对任何一方面忽视，设计就会存在缺陷。总体来讲，环境设施设计主要有以下几大特征。

2.3.1 功能特征

在现代城市景观规划中，环境设施在总体环境建设中扮演着不可轻视的角色，这些景观要素更加接近现代城市景观设计理论。环境设施的设计目的是为了直接创造宜人的空间环境，它不仅是环境功能的一个要素，同时会对现代社会的激烈竞争、人们的精神压力，起到很大的缓解作用。

由空间环境的特性所决定，环境设施的设计，不应仅凭设计者的经验和主观判断，而是必须根据特定的空间环境条件，综合周边环境的视线、光线、视距等因素加以分析。针对特定性质的空间环境来设置什么内容、形式、功能的环境设施。具有一定功能的环境设施充分体现了以人为本的设计理念，实际上是人们对空间环境的一种新要求（图2-9、图2-10）。

| 图2-9　香港迪斯尼乐园内可供游客参与拍照的机器人装置

| 图2-10　滨水带现代感较强的景观构架

2.3.2 观赏特征

任何一件环境设施都是处于空间环境之中的，不管是在建筑室内或是室外，环境设施并不是单独存在的，要与周边环境所共同构成一个整体效果。所以观赏一件环境设施，要看其与它所处的空间环境，是否和谐统一，与环境中其他要素在形式、风格、色彩上有无冲突与对立。

环境设施的设置要考虑它所处空间环境的实际特点，结合所在地区的性质等各种因素来确定环境设施的形式、内容、尺寸、规模、位置、色彩、肌理等方面的选择及方式。同时，具有宜人的尺度、优美的造型、协调的色彩、恰当的比例、舒适的质材的环境设施，向人们展示其形象特征的同时，给予人们生活、交流、学习和休闲的景观环境。反映了特定社会、地域、民俗的审美情趣，表达着某种情感（图2-11、图2-12）。

|图 2-11　香港迪斯尼乐园内由花卉组成的米奇头像

|图 2-12　戛纳街头的胶片状铁制电话亭

2.3.3　文化特征

关注与强调文化特征是现代环境设施设计的一个很重要的特点。这不仅关注环境设施的使用功能，更强调人们的精神文化需求，更希望解决人类在精神享受、意义以及文化上的问题。

环境设施的文化特征最主要体现在地方性与时代性上。地方文化的独特内涵是由当地的自然环境、建筑景观风格、生活方式、文化心理、审美情趣、民俗传统、宗教信仰等所构成。环境设施在一定程度上也是这些内涵的综合体，它的创作过程即是对这些内涵的再提炼、再演绎的过程。建筑因周围的文化背景和地域特征而呈现出不同的建筑风格，环境设施也是如此，与所处的本地区的文化环境相吻合，而呈现出不同的时代文化特征（图 2-13、图 2-14）。

图2-13 无锡太湖广场的具有地方文化色彩"阿福"

图2-14 中国传统符号运用的栏杆装饰

2.3.4　生态特征

21世纪的今天，环境资源保护的思想已深入人心。无论是潜移默化的影响，还是有意识地以生态原则为指导，生态主义在当代设计中是一个普遍的原则。所以，广义地理解生态特征作为环境设施设计中的重要部分，应当贯穿设计过程的始终。

设计是一个人为的过程，人是自然系统中的一个因子，因而在具体设计过程中，人为的过程与生态过程是相协调的关系。通过环境设施的组织与设计改进地区小气候，在满足城市景观规划原则要求的前提下，运用特定的理论和方法进行设计，使环境设施设计具有可持续发展的前景。我们提倡生态设计观念，就是要以适当的设计来引导人们进行绿色消费、适度消费，要综合当代的各种科学技术条件，重新考虑人与环境之间的相互关系，使人与环境形成有机的平衡，实现可持续发展的长远计划（图2-15、图2-16）。

图2-15　广东岐江公园内保留下原有场地具有记忆的符号——铁轨

图2-16　奥体公园内利用太阳能发电的路灯

2.4　环境设施的发展趋势

2.4.1　个性化与人性化

1. 个性化

个性化是物质丰富以后，消费者需求转变的必然结果，也是市场行为中商家拓展市场竞争制胜的有效手段。著名作家保罗 · 福塞尔（Paul Fussell）在《格调：社会等级与生活品位》中说，在英语中 class 这个词既有阶级、阶层和等级的意思，也有格调、品位的含义。在这一双关词中，"格调"是显性的，而"等级"是隐性的。

个性是相对于一般的（或共性的）事物而言的，个性即特点。所谓具有个性化的环境设施是其形态特征与同类产品相比，无论从视觉上，还是从其所表露出来的精神特质上都有显著的差异。通过对环境设施注入个性化的设计要素，使其有更多的情感附加值与精神意义，已是当代设计的一大特点（图 2-17、图 2-18）。

2. 人性化

"人们总以为设计有三维：美学、技术和经济，然而更重要的是第四维：人性。"

——[美]普罗斯

图 2-17　香港迪斯尼乐园内卡通型装饰路灯

图 2-18　卡通布偶店家招牌

人性化设计核心是以人为中心，物为人所用，通过研究人类的心理和行为特征，把人的物质和精神需求放在第一要素的位置上来考虑，是环境设施设计中严格遵循的设计准则。在人性越来越受到关注和重视的今天，人性化的设计思潮必然会在现代城市空间中有所体现，并成为设计发展的必然趋势。

人性化在环境设施设计中，首先要求特定的环境设施设计必须明确针对特定的人群，设计者应该对人们显现的与潜在的需求信息进行分析研究，使设计呈现出概念化的前瞻性特征。其次，在设计上注重艺术性的追求，使环境设施具有更好的视觉特征，用一种心理攻势的力量撞击人们的感情，以动态的、开放的形式吸引人们靠近它，并使用它。人性化也体现在尊重历史记忆，表现在环境设施设计上是通过对传统元素的拓展与借用，搭建一个传统文化与现代文化交汇的舞台，可以唤起人们穿越时间、空间的情感体验。同时，人性化设计也体现在设计从精英文化走向大众文化，成为一种人人可以参与的设计活动。公众参与设计的观念是一种人文思想的体现，一方面可以使设计决策更为客观，另一方面可以促进空间环境的活力（图 2-19、图 2-20）。

图 2-19　杭州湖滨路道路的地图铺设，唤起人们对历史的记忆

图 2-20　市民参与社区绿化建设

2.4.2　技艺化与系列化

1. 技艺化

纵观近现代人类历史的发展进程，社会的变迁和进步与科学技术的发展是同步的，科学技术的力量在不断裂变，科学技术的成果在不断改造着这个世界，推动着人类社会的发展和进步。科学技术对人类文化艺术的发展有着强大的影响力和推动力，尤其对人的思想意识、观察、解释生活的思维方法多次产生过震撼般的冲击。可以说，不同时代的科技进步，直接或间接地催生了不同时代的艺术思维与艺术样式，正是科学技术与艺术的相互发现、交汇互渗的发展，共同推动着人类社会的发展和进步。

环境设施作为城市空间中一种实用性产品，本身就需要多方面的知识与技术的支撑，更受到现代科学技术极大的影响与制约，各种通过运用高科技、新材料展现的或夸张优美的环境设施，成为折射社会发展的载体，向人们传达出各种技术信息，迎合现代人"高技艺术"的审美观念（图2-21、图2-22）。

图2-21、图2-22　位于鹿特丹的舒乌伯塔广场中红色的水压式灯，每两小时改变一次形状

2. 系列化

系列化设计是指设计师运用一定的技术手段，对同一品牌或同一种类的不同产品进行统一的规范化处理，使之形成一种形象相似的家族化特征，以加强消费者对产品的识别与记忆。随着人们生活水平的不断提高，人们对物品的要求也相应提高，从最初的能用、好用到不仅好用、好看，还要符合使用者的性格、趣味。系列化在某种程度上，迎合了人们的这种消费需求（图2-23、图2-24）。

环境设施系列化设计是基于对环境设施设计相关因素的综合考虑而采取的主动地设计处理手法。一般可分为概念系列、功能系列、形态系列、色彩系列、尺寸系列。

1）概念系列：在同一概念前提下完成的相关环境设施。

2）功能系列：在特定前提条件下，将功能相关联的环境设施进行系统性的整合，使它们在操作、放置、工艺、材质以及造型特征等方面体现出整体的优势和特色。

3）形态系列：以相同的一个和多个存在着紧密关系的形态要素来进行环境设施之间的关联处理，所形成的系列关系。

4）色彩系列：通过不同颜色或同种颜色的选用，使同一设施或关联设施具备多种视觉形象，这种通过对环境设施的表面色彩进行差异化处理，所形成的系列关系。

5）尺寸系列：通过一定的尺寸比例和形态关系的处理，达到环境设施之间在尺度方面的共享与通用所形成的系列关系。

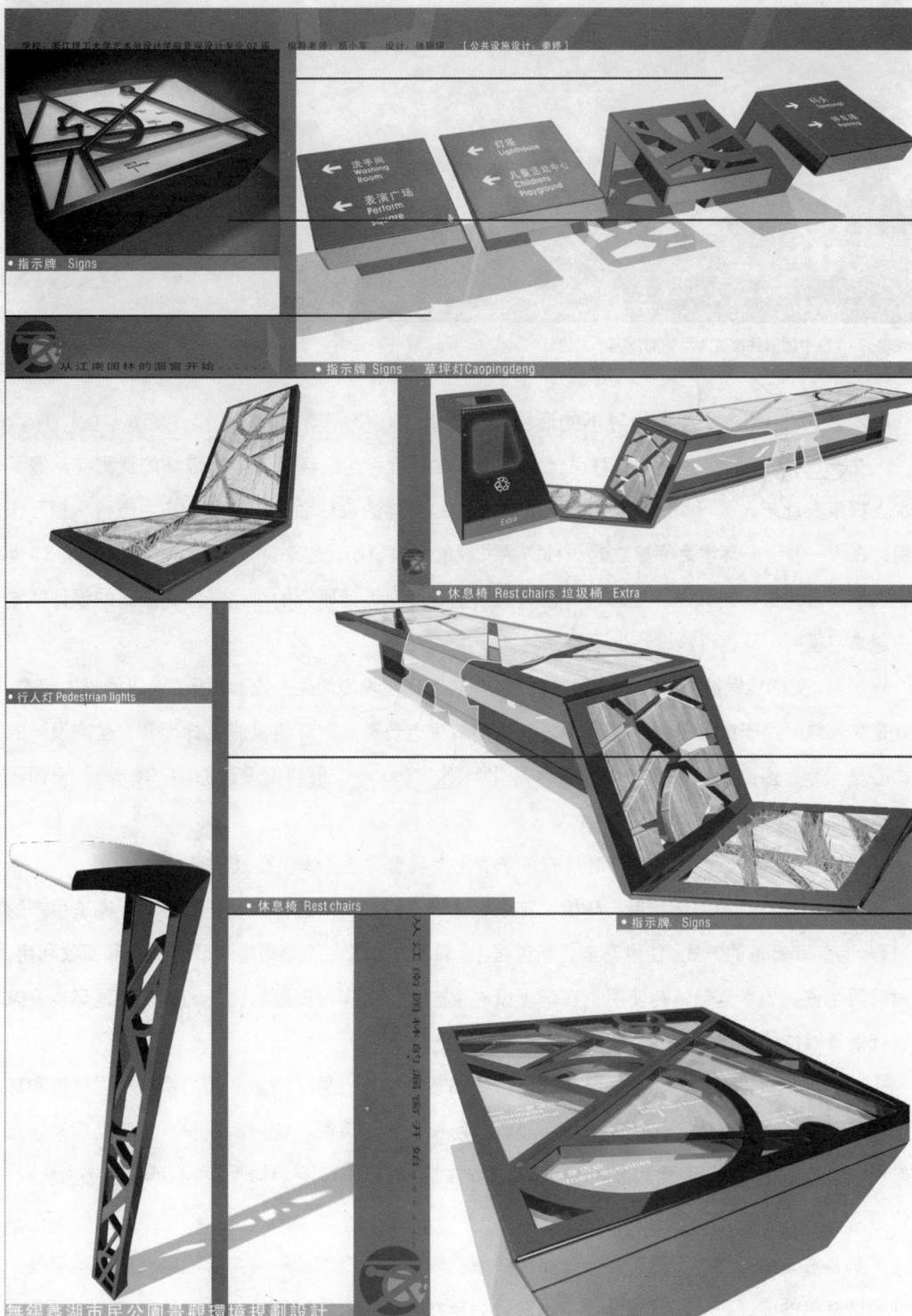

学校：浙江理工大学艺术品设计学院景观设计专业02届　指导老师：杨小军　设计：傅丽娟　【公共设施设计：素牌】

• 指示牌　Signs

从江南园林的漏窗开始……

• 指示牌　Signs　草坪灯Caopingdeng

• 休息椅　Rest chairs　垃圾桶　Extra

• 行人灯　Pedestrian lights

• 休息椅　Rest chairs

• 指示牌　Signs

無錫蠡湖市民公園景觀環境規劃設計

| 图2-23　以中国园林镂窗为原型的公园小品设计

图2-24 以中国园林镂窗为原型的公园小品设计

2.4.3 生态主义原则指导下的环境设施设计

生态设计源于20世纪人们对现代生产技术发展所引起的环境及生态破坏的反思,从深层次上探索设计与人类可持续发展的关系,力图通过具体的设计活动,使设计与生态科学相互作用,在人—社会—环境之间建立起一种协调发展的有效机制。生态、环境和可持续发展是21世纪面临的最为迫切的课题,生态设计已成为当前各专业设计研究的热点,并在未来的设计领域中越来越重要。环境设施设计也不例外。

当前,受环境保护主义和生态思想的影响,对于环境设施的生态设计,所要解决的根本问题,就是如何减轻由于人类的过度消费给环境增加的生态负荷。就环境设施设计而言,生态设计的核心是"3R"原则,即在设计中遵循少量化原则(reduce)、再利用设计原则(reuse)、资源再生设计原则(recycling)。

生态设计要求设计师在设计时具有系统的生态观念,主要体现在以下三点。

(1)倡导节约和循环利用:环境设施设计强调在对材料的选择、设施的结构、制造生产的过程、包装和运输的方式、使用乃至更新过程中,对常规能源与不可再生资源的节约和回收利用,对可再生资源要尽量低消耗使用。在环境设施生态设计中实行资源的循环利用,这是环境设施设计能得以持续发展的基本手段,也是其基本特征。

(2)提倡适度消费:环境设施生态设计提倡适度消费思想,把生产和消费维持在资源和环境的承受能力范围之内,保证发展的持续性。所设计的环境设施使用周期长,在使用后易于拆卸回收、再利用。提倡设计有市场、有质量、有效益、有益于环境,体现一种崭新的生态文化观、价值观。

(3)注重生态美学:生态美学是在传统审美内容中新增加的一个美学趋向,生态美学是一种和谐有机的美。在环境设施设计中,它强调自然生态美,欣赏质朴、简洁的风格;强调人类在遵循生态规律和美的法则前提下,运用科技手段加工改造自然,创造人工生态美。

2.5 中外环境设施比较

人类在很久以前就已经开始营建自己的生活空间环境，如何使这些空间环境变得符合人们的要求，环境设施便是其中的主要要素之一。中国古代有类似石牌坊、牌楼、拴马桩、石狮子、抱鼓石、水井等古人日常所需的设施。考古学家在庞贝城遗址上曾发现古罗马时期的城堡、园林用墙包围，园内有藤萝架、凉亭，沿墙设坐凳，水渠、草地、花池、雕塑为主体对称布置，形成了以环境设施为主体的深幽静谧的景观环境。这些都是当时不同地域、不同文化下的具体产物。

随着东西方文化的交流，中外环境设施的设计思想、设计观念都在不断地被丰富、拓展和完善。由于中西方各自生活的自然地理环境的差异、空间思维模式的不同、社会政治制度的反差、审美情趣及价值观的不同，使得中西方在环境设施设计中呈现出各自的独特性。分析不同的审美文化和哲学理念，为我们更好地进行环境设施设计提供启迪（表2-1）。

中西文化比较   表2-1

序号	中国文化	西方文化
1	重主体	重客体
2	道德心	认知心
3	道德文化	科学文化
4	重直觉	重理智
5	圆而神	方而智
6	重内心体验	重客观成就
7	重文化传统	重文化类别

2.5.1 哲学理念的差异

中西方环境设施尽管都运用相似的要素，但由于哲学理念的不同，而表现在设计指导思想上也存在相异之处。

中国人重内心体验，讲究人的内心世界的感受，追求深厚的意蕴，体现画面的境界，有种高度概括精炼的特点，讲究环境设施与群体的空间艺术感染力。而西方人重客观成就，讲究实体清晰简单、有逻辑，加之通常采用透视原则，来创造第三自然（图2-25、图2-26）。

2.5.2 自然观认知的差异

在处理人与自然的关系上，西方社会以征服自然、改造自然、战胜自然为文明演进、文化发展的动力。西方人他们常常重视大尺度的广场、绿地、水景等来对视自然。

而中国文化重视人与自然的和谐，讲究以少胜多、以小胜大的设计手法，加之从中国古典园林中的借景、透景、漏景等技法的运用，将人与自然合成了一个和谐的境界关系（图2-27、图2-28）。

图 2-25 苏州网师园内水榭，极富空间意境

图 2-26 古埃瑞克安设计的 Noailles 别墅花园，充分利用有限的地面并进入第三维的构图设计

图 2-27 几何形构图的意大利文艺复兴花园朗特 Villa Lante

图 2-28　圆门、扶栏、远景形成了层次丰富的园林景观

2.5.3　思维方式的差异

西方人重客体，思维习惯倾向于探究事物的内在规律性，重视形式逻辑、重视事物间的因果关系。在环境设计中，常用数学关系来分析，我们经常看到西方的城市景观中，几何形的水池、笔直的林阴道、修剪整齐的树木、砌筑方整的台阶、比例讲究的雕塑和喷水，具有强烈的几何性，让人感觉整齐而有秩序感。

而中国人重主体，重视整体的辩证逻辑，在设计中注重整体效果、讲究统一、有机联系的"模糊"状态，正是这种思维方式体现出一种对现象的直观体验，对人的个体感受的追求（图 2-29、图 2-30）。

图 2-29　绿化修剪整齐、图案丰富的欧洲古典园景

图 2-30　中国民居户门上的门神

2.5.4　审美认同的差异

　　西方人重理智，对比例、均衡、韵律、对称等形式美原则有着系统的研究，并且十分严格地用来指导环境设施设计。而中国人比较重直觉，设计以方便人的生活为准则，在尺度和体量的把握上主要讲究与空间环境之间的调和，以及人类自身的适应性，环境设施往往是自然的缩影和提炼，是出于自然而高于自然的直接展现（图2-31、图2-32）。

图2-31　布局极富轴线的几何形庭院

图2-32　师法自然的庭园设计

第3章 | 环境设施的分类

环境设施的内容大而广，从大空间到小空间、从室内到室外、从个人设施到公共设施，只要有人生存的空间环境里无处不存在环境设施。根据不同的情况，环境设施的分类方法也有所不同。总的来讲，可有公用系统设施、景观系统设施、安全系统设施、照明系统设施四大系统类型。

3.1 公用系统设施

城市空间的公用系统设施是城市空间环境整体化不可缺少的要素，它不仅在城市户外活动场所为人们提供休息、交流、活动、通信等必要的使用装置，还因其所具有的特殊功效，构成了室外空间景观环境的重要部分，增加了城市空间的设计内涵与时尚。在知识经济时代的今天，高效率、高科技的城市发展，与之相适应的公用系统设施也日益受到了人们的重视与青睐。公用系统设施的应用形式和视觉艺术效果等方面，也在逐渐提高。

公用系统设施主要包括信息设施、卫生设施、交通设施、休息设施、游乐设施等。

3.1.1 信息设施

信息设施种类繁多，包括以传达视觉信息为主题的标志设施、广告系统和以传递听觉信息为主的声音传播设施。在日常生活中具体接触到的形式主要有：标志、街钟、电话亭、钟塔、售货亭、音响设备、信息终端、宣传栏等。

3.1.2 卫生设施

卫生设施主要是为保持城市市政环境卫生清洁而设置的具有各种功能的装置器具。这类设施主要有：垃圾箱、烟灰缸、雨水井、饮水器、洗手器、公共厕所等。

3.1.3 交通设施

城市空间环境中，围绕交通安全方面的环境设施多种多样，其目的也各不相同。大到汽车停车场、人行天桥，小到道路护栏、公交车站点都属于交通设施，在我们周边环境中通常接触到的还有通道、台阶、坡道、道路铺设、自行车停放处等交通设施。

3.1.4　休息设施

休息设施是直接服务于人的设施之一，最能体现对人性的关怀。在城市空间场所中，休息设施是人们利用率最高的设施。休息设施以凳椅为主，适当的休息廊也可代之，主要设置在街道小区、广场、公园等处，以供人休息、读书、交流、观赏等。

3.1.5　游乐设施

游乐设施通常包括静态、动态和复合形式三大类，它们适合的人群有所不同。儿童和成年所需设施在活动内容和活动场地规模方面均有很大的区别，本书仅以儿童游乐设施和老年人健身设施来讲述。

3.2　景观系统设施

景观系统设施作为城市景观环境的组成要素，通常有硬质与软质之分。如建筑小品、传播设施、景观雕塑等由各种人工要素构成的城市硬质景观设施；具有自然属性景观要素的如绿化、水体等软质景观设施。

3.2.1　建筑小品

建筑小品作为建筑空间的附属设施，它必须与所处的空间环境相融合，同时还应有其本身的个性。在建筑空间环境中除有其使用功能外，还应在视觉上传达一定的艺术象征作用，有些建筑小品甚至在空间环境中担当主导角色。具体包括围墙、大门、亭、棚、廊、架、柱、步行桥、室内小品等。

3.2.2　水景设施

水是自然界中最具灵气的物质之一，是装点城市空间环境、表现生命动感的重要因素。按水景形态可分：池水、流水、喷水、落水、亲水等水景设施。反映出水体存在着平静、流动、跌落和喷涌四种自然状态。

3.2.3　绿化设施

植物是自然界最具生命力的物质之一。绿化则是以各类植物构成空间景观环境，是体现城市环境生命力的重要因素。

具有绿化设施特征的主要有树池、盆景、种植器、花坛、绿地等。

3.2.4　传播设施

传播设施是城市空间环境中具有一定商业利益，同时具有美化环境作用的环境设施。

一般有壁画、道路广告、灯箱广告、商业橱窗、立体 POP、活动性设施等。

3.2.5　景观雕塑

景观雕塑以其实体的形体语言与所处的空间环境共同构成一种表达生命与运动的艺术作

品。它不仅反映着城市精神和时代风貌，还对表现和提高城市空间环境的艺术境界和人文境界具有重大意义。

对景观雕塑进行分类的方法很多，按其艺术处理形式可分为具象雕塑、抽象雕塑和装置构件；按其在城市环境中的功能作用不同，可分为纪念性景观雕塑、主题性景观雕塑、装饰性景观雕塑、象征性景观雕塑等。

3.3 安全系统设施

安全系统设施是城市空间环境中最具人性化的设施，它不仅保证了其他系统设施得以顺利工作，又对人们安全使用设施提供保障。安全系统设施是"以人为本"设计理念的直接体现。

安全系统设施主要包括管理设施、标识性设施、无障碍设施等。

3.3.1 管理设施

城市管理设施主要有路面管理、电气管理、控制设施、消防管理等。其中消防管理有埋设型和地上设置型两类，地上设置型包括容纳防火水管箱、防火水箱和柱状消火栓三种；路面管理由各类井盖设施和警巡岗亭、收费处等组成的管理亭类。

3.3.2 标识性设施

标识性安全导向设施包括以引导人的安全行动为目的的指示标识、以警告人们注意危险为目的的规定性标识等。

3.3.3 无障碍设施

无障碍设施是为残障人士和老弱病人提供便利与安全的设施，为他们能平等参与社会生活提供便利条件。

一般针对使用性质，可分为交通、信息、卫生等无障碍设施。

3.4 照明系统设施

随着现代城市高速发展，夜景景观成为城市环境的一个重要组成部分。人们对夜景景观照明的作用更加重视，它不仅可以提高夜间交通效率，保障夜间交通安全，还是营造高质量的现代城市夜景景观的重要手法。

照明系统设施是环境设计中非常重要的一环，照明系统设施主要有道路照明设施、商业街（步行街）照明设施、庭园照明设施、广场照明设施、建筑照明设施及配景照明设施等。

第 4 章 | 环境设施的设计原理与方法

4.1 设计文法与语义特征

4.1.1 设计文法

设计文法是从设计方法学的角度，对物体的造型、色彩、材料等构成要素及其生成原理进行提炼、抽象而形成的空间描述方法。当前，设计界学者提出的设计文法主要包括造型文法、色彩文法、材质文法、造型转换文法等。

在环境设施设计中，环境设施的空间塑造是由形态、色彩、质感、肌理等视觉元素构成，并随着光线的变化，形态、色彩、质感等元素及其光影也随之变化，产生不同的空间感受。

1. 形态

形态是设计对象最基本的空间特征。"形"与"态"密不可分，"形"是指在一定视觉角度、时间、环境条件中体现出的轮廓尺度和形状特征，是物体客观、具体和理性、静态的物质存在。"态"即事物的内在发展方向与伸展趋势，具有较强的时间感和非稳定性，并富有个性、生命力和精神意义。空间形态的创造可以是抽象形态的变化，也可以是自然形态的模拟，更可以是对日常形态的再思考（图 4-1）。

环境设施形态的特征是营造空间区域、环境主题的一个重要方面，环境设施形态能否引起人们的注意力，是使人参与到空间环境中来的关键。例如，构成形态的最基本要素——线，以其不同性质形状，可产生各种形态。直线本身具有某种平衡性与纯粹性，所形成的空间设计技术是最基本的，也是最容易处理的，所以它在设计中能发挥巨大的作用；曲线可有人工曲线和自然曲线之分，曲线不像直线那样易于运用，它的方向性不强，当曲线达到一定限度时，其表现意图将分散（图 4-2、图 4-3）。

图 4-1 Retail Tree House - 意大利皮具生产商 Tods 的"树状"旗舰店

环境设施形态的创造不同于单纯的审美创造，它结合了设

| 图4-2 体量夸张的构筑物形成了广场的视觉焦点 | 图4-3 落于水面的蝴蝶雕塑

计者在基本功能要求理解下的艺术趣味和审美理解，是基于环境设施的功能与结构、单元形态、尺度比例、材料选择、表面处理的整体处理。同时，环境设施形态设计又必须符合基本的美学法则，体现视觉美学。总的来讲，应遵循以下几个原则：

（1）比例与尺度

比例和尺度都是和数相关的规律。比例是指整体与局部或局部与局部之间的匀称关系，它是严格的数学概念。不论环境设施呈现何种形状，均存在长、宽、高的度量，如大小、长短、宽窄、高低、粗细、厚薄、深浅、多少的一种和谐关系。尺度是对象的整体与局部，或人的生理或人所习见的某些特定标准之间的大小关系。权衡尺度的标准首先是人，并与使用直接相关。环境设施和人体之间在度量上的制约关系，有着自然尺度、夸张尺度、亲切尺度等相对关系。

（2）对比与统一

对比是通过寻找各部分的差异、区别和活跃因素，营造新的个性特征。空间的差异性和对比作用通常表现在高低、形状、方向、敞闭、大小、长短、高低、粗细、方圆、虚实、动静、色彩、肌理、光影明暗等方面。为使环境设施之间存在明显差异，可以借这种差异性的对比作用，互相衬托而突出各自的特点。而统一则是寻找各部分之间内在联系，是一种秩序。对多种不同环境设施的组合时，可采用寻找各个设施造型上的内在联系进行强化，以求得变化中的统一。

(3）均衡与稳定

实际上的均衡与稳定和审美上的均衡与稳定是两种不同性质的概念。前者与力学原理相联系；后者属于美学范畴，受前者的影响在人的思维概念上形成的心理安全意识形态，表现在环境设施的左右、前后、上下间保持平衡的美学特征。均衡有两种形式，一种是静态均衡方式，另一种是动态均衡形式。静态均衡即对称，本身体现出一种严格的制约关系。动态均衡即打破对称形式，用不等质和不等量的形态求得非对称形式，维持视觉上的稳定。

（4）主从与重点

主从关系是整体与局部之间的构成法则。在由若干环境设施组成的整体中，每一设施在整体中所占的比重和所处的地位，将会影响到整体的统一性。为了加强整体统一性，各组成部分应该在位置、朝向、景观以及空间构图方面有主从区别。

2. 色彩

色彩是造型艺术的重要要素之一，也是调节和营造空间视觉节奏和心理感受的重要元素。它不能脱离形体、空间、位置、面积、肌理等而单独存在。因此，要科学地认识色彩，研究色彩，必须涉及以光为对象的物理学领域、以眼睛为对象的生理学领域、以精神为对象的心理学领域，以及研究色彩造型的美学领域。所以，对色彩的研究已成为多学科领域的综合性学科。

设计的色彩虽然以色彩学的光学原理为基础，但不同于绘画的光色理论，而更强调的是色彩配置的心理学意义。在环境设施设计中，往往要针对性地选择色彩符号来表征空间意境，传达情感与文化。色彩给人的感受是极强的，各色彩有其不同的性格倾向，不同的色彩和色彩组合都会给人带来不同的感受（表4-1）。人们对色彩的感受，还要受到时代、社会、文化、地区与生活方式、生活习俗的影响，并反映出一种追求时代潮流的倾向，即色彩的社会心理和民族心理（图4-4、图4-5）。

色彩的性格　　　　　　　　　　　　表4-1

色彩	性格
红	最容易引起人的注意，有着兴奋、激动、紧张的特点，同时非常强烈、热情，给人视觉以迫切感和扩展感，属于前进色
橙	是非常明亮、华丽、健康，又容易动人的色彩，在所有色彩中属于最暖色
黄	给人轻松、愉快、辉煌、灿烂、亲切、柔和的印象，是最明亮色
绿	有着平静、和平、丰饶、充实的性格特点，是希望色
蓝	让人感到凉爽、湿润、坚固，表现出崇高、深远、纯洁、透明、智慧的精神领域
紫	给人高贵、优越、奢华、幽雅、迟钝的感觉，同时容易给人造成心理上忧郁、痛苦、不安的感觉
白	明亮、干净、卫生、朴素，白色比任何颜色都清净、纯洁，但同时会给人虚无、凄凉之感
黑	理论上黑色即无光，是无色之色，具有积极与消极两种特征，根据具体情况表现各自性格倾向
灰	居于黑白之间，属于中等明度

图4-4 柏林市荷兰大使馆广场绿草坪上红色的抽象雕塑

图4-5 色彩鲜艳的抽象雕塑,有着强烈的视觉感染力

环境设施的色彩设计要考虑环境设施所处空间大环境的基本色调,要对空间环境的性格、环境设施主题的定位、色调的倾向进行统筹考虑。在环境设施的色彩设计中,必须注意它的功能性、地区性、系统性和流行性。既要了解习惯性用色,又要敢于追求色彩的差异性变化,更要关注色彩的流行变化对设计的影响。同时,色彩与功能、形态、材料等属性相关,即使是同样的色彩,由于其他属性的不同,其视觉效果也会大不相同。

3. 材质

材质是材料的质感和肌理的传递表现,人对于材质的知觉心理过程是较为直接的。质感本身也是一种艺术表现形式,良好的材质可以使环境设施设计用最简约的方式达到更好的艺术表现力(图4-6、图4-7)。

环境设施设计的材质是造型艺术的另一个重要要素,以下从不同材质的表现性上加以描述。

(1)质感

设计材料的质感指物质材料的表面纹理,也即肌理,包括天然肌理、人工肌理的综合处理。肌理按排列方式不同,分为规则肌理和不规则肌理;按知觉方式不同,分为触觉肌理和视觉肌理。在环境设施设计中常以材料的粗糙、细腻、软硬、干湿等不同质感来引起的人的心理反映。比如,把玉石磨光后,呈现洁白、圆润状,看上去如温柔的肌肤,但实则玉石是一种硬石,手的触感又冷又硬。这种现象是以人的心理反应脱离了材料的物理性质而得到的效果。

(2)量感

与质感一样,由于心理因素的介入,使材料的质地与光、影、色泽混合为一种不同于物理性质的量感。相同材料因表面处理不同,量感会不同;不同材料经过表面处理却可能在量感很相像。如采用纹理越细、表面越光洁的材料,越给人以空间扩大宽敞的感觉。

| 图4-6 采用中国传统的月亮门和镂空形式的穿孔铝材凉亭 | 图4-7 竹编标志 |

(3) 表现力

当材料被设计师进行特殊处理后，就超越了物质层面的意义，而变成一种有着独特文化背景的美学符号展示。不同材料之间，因性能不同，加工方法不同，其表现力也不相同。所以表现力的强弱是相对而言的。

4. 光线

光是一种物质，所以光线是构成空间必不可少的条件。如果说形态、色彩、材质是环境设施的实体要素，那么光线作为影响这些实体要素的介质，同时也是其基本造型要素之一。

光是影响人们心理变化最基本、最本质的因素。不同的光环境在人的心理体验中能引起不同的反应，恰到好处的光环境应用，能提高环境设施的艺术品质，从而引起人们对整个空间环境的共鸣。路易斯·康曾说过："对我来说，光是有情感的，它产生了与人合一的领域，将人与永恒联系在一起。它可以创造一种形，这种形是一般造型手法无法获得的"（图4-8）。

自然光随着时间有节奏的变化而产生丰富的光影，使环境设施富有节奏感和层次感。同时自然光还有照明、传热、保健等物理功能，绝大多数的环境设施是直接处于自然光的映照下，所以在进行环境设施设计时，结合空间环境的特点，尽量让光的特征发挥到极致，使环境设施与光照达到完美结合。

图 4-9　朗香教堂室内迷幻的光影效果

图 4-8　古罗马万神庙

　　随着时代的发展，现代技术越发先进，人工光的运用也更加广泛，其灵活性更大，可产生更为多变的效果和层次。然而，无论是自然光，还是人工光，它们对环境设施的作用都是不可限量的。整体的照明决定空间设施的整体气氛，局部的照明能够活跃环境设施，光在环境设施设计中有着重要意义和作用（图 4-9、图 4-10）。

图 4-10　利用光构成原理的图示

4.1.2　语义特征

　　环境设施的语义特征是在符号学理论基础上，把研究语言符号的构想运用到环境设施设计上。从符号学的观点来看，环境设施的语义特征实际上就是通过一系列点、线、面、体、色、材等视觉造型元素，对环境设施视觉语言符号的文法编码、解码过程。

　　在电子技术飞速发展背景下，环境设施设计在实质和内容上都发生了很大的变化。如何使设施通过自身的视觉特征，能明确无误地告诉使用者：它具备什么功能、有什么精神文化意义及如何使用它。对这一问题的解决要结合环境设施在功能识别、象征意义和使用操作等三个层面的认知要求，确切地表达语义特征。通过设计语言的表达（形态、色彩、结构、材质等），形成对视觉方面的暗示，以取得使用者对设施在社会层面、心理层面以及使用层面上的理解。

　　康德说，一切现象进入我们的直观范围时，必须经过时空之形式，进入我们的悟解时，必须经过范畴之形式。他说的"形式"就是二维与三维空间上的"形态"。对视觉符号的解码，其实就是"范畴之形式"的"悟解"。在视觉内容与形态符号的多重组合关系中，"形态"作为会"言语"的符号，具有丰富的内容和语义。

环境设施的形态，一方面是借助形态元素来表达使用上的目的，另一方面，也会产生意象和感觉、情绪的体验。正如《易经 · 系辞上》说："形而上者谓之道，形而下者谓之器"，意为形而上的东西是哲学方法、思维活动。形而下的东西是可以触摸的器物，形态本身即是"器"。因此，形态是设计的基础，意义借此符号进行表达（图4-11）。此外，每个形态在特定的文化背景下都有特定的意义，可能是一种流行风尚、社会价值观，也可能是特定的文化记忆和思想（图4-12）。

图4-11　如在中国传统文化中，"圆、方"成为特定的文化观念、情感的载体，在建筑设计中使用这种造型以寓意着中国人特有的"天圆地方"空间观

图4-12　北京2008奥运会主场馆——鸟巢设计的造型灵感来自中国建筑的菱花隔扇门

色彩是最具表现空间张力的视觉符号，往往比形态更具直观和生动的语义传达，也是人感知设计对象符号所指意义的重要条件。色彩文法是通过它自身多变的物质属性及附带着的表现力度来实现意义与情感的表达，色相、明度和纯度是认识色彩语言的三个尺度，通过明度、冷暖、强弱、综合等比较来传达符号语言的所指意义。

不同的色彩语言符号具有不同的性格特征，会传达不同情感意义的语义。不同地域由于不同的自然环境、历史习俗而形成了各自关于色彩系统的一些固有观念，体现出不同的色彩审美倾向。如在中国，红色是喜庆的色彩、白色是丧葬色、黄色是帝王的色彩。而这些色彩在西方又是另一种释义。通过色彩可以产生联想、传达语义或左右情绪，如红色的火热、粉红的温馨、浅黄的柔和、白色的纯净、蓝色的寂静等。可以以色彩象征某种规定的功能，以色彩制约和诱导使用行为，或以色彩结合形态对功能进行暗示。同时，色彩也是某种仪式、记忆、象征、情感的集合，可以勾起我们种种想法和感觉（图4-13）。

质感、肌理是通过材料表面的特征给人以视觉感受，达到心理联想和象征意义。赖特认为："每一种材料都有自己的语言……每一种材料都有自己的故事。"设计者往往将材料本身的特点与设计理念结合在一起，来表达特有的主题，不同的质感、肌理带给人不同的心理感受。对于环境设施的主题营造，可体现在材料自身的特征上。砖、木、竹等材料可以表达自然、古朴、人情味的设计意向；玻璃、钢、铝板可以表达环境设施的高科技感；裸露的混凝土表面及未加修饰的钢结构都颇具感染力，给人以粗犷、质朴的感受。同样的材料由于不同的纹理、质感、色彩、施工工艺所产生的效果也不尽相同（图4-14）。

| 图4-13　红黄蓝三原色的五官装置

| 图4-14　木制的垃圾桶与周边古朴环境相适应

4.2　设计原则与配置方式

4.2.1　设计原则

环境设施作为空间环境的一个重要组成部分，它的形式和内容的确定，取决于多方面的因素。其中涉及人的主观因素，如设计者的艺术水平、文化修养、风格倾向等以及业主对环境设施性质、内容、风格的要求。还有其他客观因素，如环境设施所处空间环境的地域条件，不同地区的历史背景、文化传统和民俗习惯等；可供选用材料和可操作技术条件及经济因素等。

环境设施的设计，一方面，必须结合实际情况，解决好各因素之间的矛盾，与空间环境和谐统一，相得益彰，成为有机整体。另一方面，要以人为核心，尊重人、关怀人、服务于人。因此，环境设施设计开发过程中，设计师应考虑以下几个设计原则。

1. 功能实用性原则

环境设施的设计实际上是在原有空间环境的基础上，进行一种既有实际功能，又满足于人使用要求的空间设施创造和提高。人在空间环境中是起主导作用的，人的习惯、行为、性格等都决定了对空间环境的要求。在进行环境设施设计时，应认真研究人们的生活行为，注意其活动规律。根据这些特点，采用合理的分级结构和宜人的尺度，使环境设施在使用的舒适度、安全性和方便性等方面，真正做到"以人为本"，并且利于经营管理，这样才能有利于整个空间环境的质量提升。

在进行环境设施设计时，要真正做到功能实用，首先要考虑人、设施、空间环境三者间的关系，必须把环境设施的设计规模、功能布局、造型风格等统一到其所处的空间环境系统中。用人在不同性质的空间环境中所具有的不同行为模式，来统筹确定环境设施的形式。同样，不同的环境设施的设置，也会对人的行为模式产生不同影响。扬·盖尔在《交往与空间》中，把人在公共空间中的行为活动分成三类：必要性活动、自发性活动和社会性活动。不同的行为活动决定了人们对空间环境的依赖性不同，也决定了针对不同的活动需求，在空间环境中设计不同功能的环境设施。比如在城市商业街和居住小区内设置的环境设施是不一样的，而同一种环境设施的功能也不一样。在空间环境中怎样通过环境设施的功能个性化特征使环境易于识别，让不同的人群在使用过程中互不干扰、各得其所，就显得非常的重要。

因此，环境设施的功能实用性原则直接体现在对人的关心程度上，只有对人的充分考虑，才能设计出真正适合于人们使用的环境设施。而优秀的环境设施不仅提供给人们各种活动的基本需求，同时影响人们的生活方式和行为模式，还对空间环境的整体塑造起到一定的点缀作用（图4-15、图4-16）。

2. 满足人的心理需求

美国人本主义心理学家马斯洛1943年提出研究人类需要的理论，人称需要层次论。将人的需要分成七种层次：生理需要、安全需要、社交需要、自尊需要、审美需要、认知需要和自我实现需要。其中生理需要和安全需要是人生存的基本需要；社交需要、自尊需要和审美需要是人的心理需要；认知需要和自我实现需要是人高层次的发展需要。马斯洛认为这七种需要是按照各自的重要性排列成从低级向高级需要发展的不同层次，是人的需求从低级向高级发展、从物质向精神层次的发展。所以人在不同的民族、地位、文化程度、职业、兴趣爱好的影响下，也对需求的选择有所不同。

图 4-15 满足人们休息的树池形坐椅

图 4-16 户外自动售货机

在环境设施设计中，通过对形态、色彩、材质等不同赋予环境设施的属性，从而满足人们不同的心理需求，如私密性、归属性、安全性等。例如，在城市中心广场内设计休息坐椅时，单纯考虑其基本功能，是不能完全满足使用者的，必须同时考虑所在环境对人在休息时的心理特征。同样，只有充分考虑到人的生理、心理特征，才能设计出与空间环境互相适应的高质量环境设施（图 4-17、图 4-18）。

3. 实现形式美原则

在设计时，要把环境设施当作一个艺术作品来对待，让其获得一个具有美感的空间实体形态。这样真正领悟空间环境的含义，体现环境设施的美学价值，符合形式美的原则。美是随时间、空间的变化而变化，是一种变化性、适应性极强的概念。设计中美的标准和目的也会不一样，

图 4-17 可有多种选择的街头休息设施

050

|图 4-18 归属感很强的休息空间设施

如何在设计环境设施时，体现其形式美的原则？

　　形式美规律是人们长期对自然和人为的美感现象加以分析和归纳而获得的具有普遍性和共识性的审美标准。形式美原则是创造空间环境美感的基本法则，在设计环境设施时，必然要运用形式美的规律来进行构思、创作并把它实施出来。要实现环境设施的形式美原则，须把握环境设施个体的形态结构与整体空间环境间的主从关系、对比关系等，使环境设施具有良好的比例和尺度、节奏和韵律，并充分考虑到材质、色彩的美感，结合施工过程中的各种技术要求，形成造型新颖、内容健康、具有艺术美感的现代环境设施作品（图 4-19、图 4-20）。

　　4. 经济、环保的原则

　　环境设施在空间环境中扮演着重要的角色，它们直接与人发生亲密接触，直接服务于人。

|图 4-19 充满动感的微地形设计 1

|图 4-20 充满动感的微地形设计 2

一些环境设施因具有广泛的通用性，各种空间环境对其的需求量较大，所以要进行大量的生产与消费。这样对于环境设施的经济性和环保性要求就显得更高。

任何产品的生产与消费都要涉及资源问题，环境设施也不例外。随着新时代的到来，全球对资源环境的保护意识正在不断加强，有关资源保护的新理论、新的设计观念、新的技术也在不断地提出和实施。例如在室外灯柱上装置空气过滤器，在同时具有照明功能的前提下，能够减少空气中的悬浮颗粒，来减少空气污染问题。

在环境设施设计的经济、环保原则上，本质是一个可持续发展的社会问题，其中有两大基本前提：一是设计者与使用者的自然观、消费观、发展观发生根本的变化。人们都知道自然资源有其可发展、可再生的一面，同时也有其不可再生、会耗竭的一面。如生物资源、地下水资源、太阳能、风能这些特殊的生态因子，在合理开发和利用下，可以恢复、更新和再生，甚至能够得到不断的增长。但如石油、森林、矿产以及与之类似的一些可利用资源，由于其生产周期、时间相对于缓慢，加之人类的过度开采，就属于相对可耗竭的资源。因此，从环境设计的经济、环保原则中看，寻找不可再生资源的替代物质或是替代形式，已是刻不容缓的事情；二是科学技术的极大发展，对于环境设施的施工技术、工艺也明显的提高，在相对的时间内，较快的完成加工制作，大大节约了时间、精力，减少了资源负荷，真正做到了经济性原则。同时在一种高科技含量、高质量环境、高品质设计的基础上实现了"绿色生产文明"（图4-21、图4-22）。

图4-21 上海世纪公园内利用废弃物装点成原始味十足的花池

图4-22 壁画涂鸦是最为经济、环保的装饰手段

5. 与环境结合原则

环境设施是实际空间环境中的一个组成要素，它与所处的空间环境之间有着极为密切的依存关系。环境设施在造型、材质和色彩等因素的设计上都与周边环境相协调，尽量体现地方区域特色。

环境设施所处的环境包括自然环境、人文环境和社会环境。这些均对环境设施有着非常大的影响，是进行设计时要认真考虑的外在因素。自然环境是指由山脉、河流、森林、草原、平原等自然形式和风、霜、雨、雪、阳光、温度等自然现象所共同构成的系统。自然环境是人类社会赖以生存和发展的基础，对人类有着巨大的经济价值、生态价值，以及科学、艺术、历史、观赏等方面的价值。在环境设施设计与自然环境的关系中，应尽量立足于对自然生态的保护、立足于保护与体现自然环境的自然属性为主体。文化生态学把人类的文化创造活动与空间环境设计的关系纳入一个整体进行考虑，得出了文化生态系统的结构模式即人文环境。环境设施通过其外在的造型形式和内涵来表达自身的文化形态，反映和体现特定的区域、特定的环境、特定历史时期的文化积淀，从而形成了人与环境设施间一个多层次的结构。社会环境是指由社会结构、生活方式、价值观念和历史传统所构成的"无形"的社会环境系统。具有明显特征的环境设施会给人以帮助，在人头脑中形成清晰的印象。它不仅便于人们的行为，而且可以成为一种普遍的参照系统，一种行动和信息的组织者。它可以让人很容易地说出与这一环境有联系的许多事实和想象，它综合了空间环境的表象、外构和内涵三个方面。

环境设施设计时，既要了解社会需要与社会条件的关系，认识社会成员对环境设施的合理需求，以及在当时社会经济、文化条件下满足这种需求的可能性，又要分析空间环境对环境设施的影响，考虑环境设施在空间环境中的效果，因地制宜，确立整体的环境观（图4-23、图4-24）。

图4-23 上海张江园区内体现数字化时代特征的"数字"雕塑

图4-24 墙上的风景

4.2.2 配置方式

环境设施设计的配置方式必须服从其所在空间环境的整体功能，根据空间环境功能及环境设施功能的不同，其配置方式的构思、布局处理方法也不一样。

1. 空间序列形式

（1）设施的导向性

利用环境设施的空间导向来引导人们在城市空间环境中的行为方向，从而满足空间环境的多重功能。如采用同一或类似的环境设施元素进行导向，并形成一定的序列感（图4-25）。

（2）强调视觉中心

如果说导向性只是把人引向空间环境的前提，那么最终的目的是让环境设施在一定程度成为空间环境的视觉中心，从而丰富和感染整个空间环境气氛（图4—26）。

（3）空间构成的多样性和统一性

可以利用若干环境设施，构成彼此有机联系、时空连续的空间环境，其构成形式是随着空间环境功能的要求而作变化，这其中体现了空间环境的多样性和统一性特征（图4—27）。

图4—25 不同色彩的构架引导着空间序列

图4—26 青岛海边宽敞空间里的框景雕塑

图4—27 上海金茂大厦广场绿化、铺装、坐椅等功能设施相互渗透的空间效果

2. 配置方式

（1）"大中含小"的方式

所谓大中含小的方式是指在环境设施系列中含有各个具体环境设施的组合方式，与空间设计中的母子空间形式有异曲同工之妙，是对环境设施的典型化、细致化（图4—28）。

（2）"互为重叠"的方式

具有不同功用的环境设施在形式上相互交叠组织在一起，从而形成第三种功能区（图4—29）。

（3）"共通连续"的方式

两种或两种以上的环境设施在内容上无明确的关联，但又不宜分隔明显，可在两者之间形成一种柔化的过渡形式，以达到相互共通的目的（图4—30）。

（4）"相互紧邻"的方式

这种方式区别于"互为重叠"的是，不同的环境设施相互邻接在一起，而并没有在形式上交叠，有着明确的界限（图4—31）。

图 4-28 联系上下高程的台阶中的坐椅功能

图 4-29 采用中国传统的月亮门和镂空形式的凉亭，既有庇护功能，又有框景作用

图 4-30 曲桥与片墙的联系构成丰富的空间组合

图 4-31 亭架、树池与休息椅的组合

（5）"相互分离"的方式

不同的环境设施独立设置，以明显地划分空间环境，强化不同的区域主题的作用。

3. 配置的要求

（1）满足功能性的要求

在满足环境设施的使用、观赏和娱乐等功能需要的前提下，以达到合理使用和组合的自然协调关系。

（2）满足精神性的要求

环境设施间相互配置要把握配置方式的主题结构，传达其中的主题要求。通过特定的形式、造型和色彩的搭配来适应不同民族、年龄、性别、文化、职业的人们的精神和心理需求。

（3）满足时效性的要求

环境设施配置的时效性主要体现高速与经济的原则，应以尽量节约能源和耗材为准。

（4）满足审美性的要求

环境设施配置的审美性要求，是应用如重复与渐变、对称与均衡、比例与尺度、节奏与韵律等具体的形式美法则，来进行组合配置，以实现功能、心理与审美的有效融合。

4.3 设计思维与基本流程

4.3.1 设计思维

环境设施的设计是一个多元思维的过程，如何抓住思路非常关键。但如果只有设计思维的发散还不够，同样还需通过优秀的设计表现等方法，把设计构思完整地表现出来。所以要求设计者要掌握以下的基本设计思维方法。

1. 综合多元的思维模式

人的思维过程一般是抽象思维和形象思维有机结合的过程。抽象思维着重表现在理性的逻辑推理，因此也可称为理性思维；形象思维着重表现在感性的形象推敲，因此也可称为感性思维。理性思维的方向性极为明确，目标十分明显，往往借助于数学关系，得出的答案通常只有一个；而感性思维方向性模糊不清，目标具有多样性，其优劣的标准是多元化的。

环境设施设计就其空间造型艺术而言，要求形象的感性思维占据主导。而在相关功能技术性问题上，则又需要逻辑性强的理性思维。因此，在设计过程中，需要设计者丰富的形象思维和严谨的抽象思维兼而有之，相互融合。

由于环境设施设计所要考虑的因素较多，在设计的思维过程中，对整个设计任务具有全面的构思和设想，综合地运用多元的思维模式，由整体到细节逐步深入，才能产生完美的设计方案。

2. 图示分析的思维方式

良好的形象思维能力是设计思维必须具备的基本素质，这种素质的培养主要借助各种工具材料绘制不同类型的图示，并对其进行设计比较，建立科学理性的图示分析思维过程。

在环境设施设计的每个阶段都需要这样的思维方式伴随设计方案的产生，在这过程中，又会触发新的设计灵感，这是一种大脑思维形象化的外在延伸，是一种设计辅助思维方式。在设计领域，图示是进行专业沟通的最佳语言，掌握图示分析的思维方式有助于设计的表达与交流，往往在看似杂乱的草图中就诞生一个优秀的设计方案。

在设计中图示分析思维方式主要通过三种形式来实现：一是通过几何线条描绘的二维图形；二是用速写式表现抽象的空间透视草图；三是利用相关的质材做成三维空间模型等（图4-32）。

3. 对比择优的思维过程

选择是通过对客观事物的比较而产生的，这种对比择优的思维方法有利于帮助选出优秀的事物，成为人判断客观事物优劣的基本思维过程。

装有响铃设施的方石盘的分析解剖图

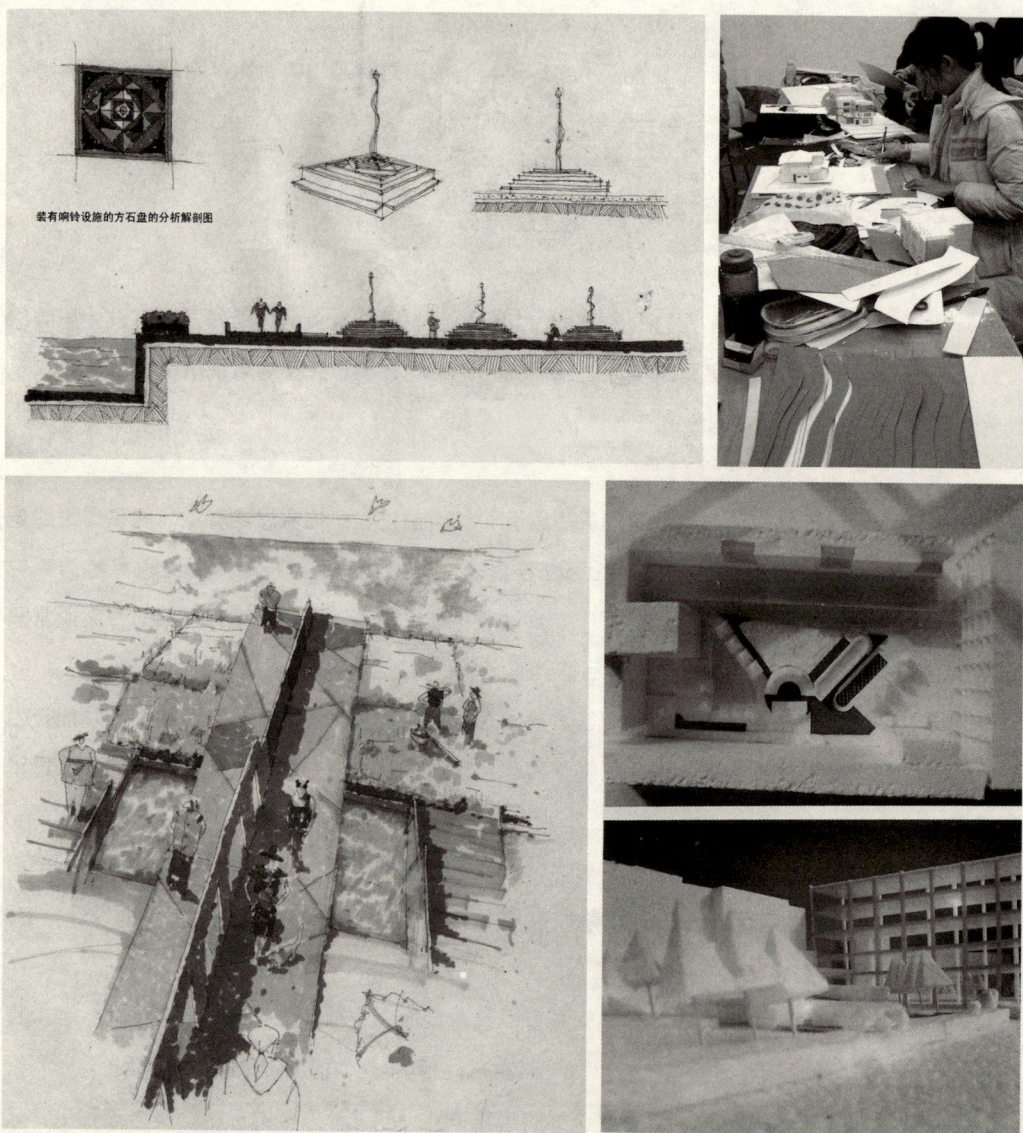

图 4-32 二维图示、鸟瞰图、模型推敲

在环境设施设计的概念阶段、方案阶段、施工图阶段都是通过对各个阶段所需的特定内容而进行对比优化的过程，同样对比择优思维过程依赖于图示的信息反馈。因此，在设计构思阶段最忌用橡皮反复涂擦图示，而最好用半透明的拷贝纸逐层拷贝修改、对比、优化，使主题创意逐步明确、完善（图 4-33）。

4.3.2 基本流程

环境设施设计的过程是将思维的虚体想象在现实生活中得以实现的过程，是将设计各要素相互衡量、组织的过程。是针对具体的问题而提出的步骤，而这步骤中，必须是针对如何解决

初步方案草图

中级方案草图

最终方案定稿

| 图 4-33　方案推敲对比择优过程

问题的方法的具体化。从平面到立体、从方案到施工，在此过程中要解决各方面的矛盾，有着许多程序。因此，合适的设计流程是保证设计质量的前提，是环境设施得以成功实现的一个重要保证（表 4-2）。

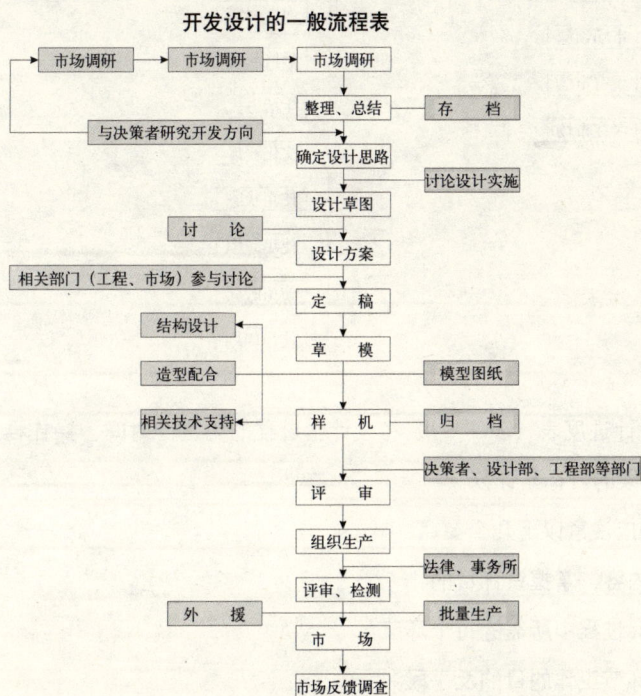

开发设计的一般流程表　　　　　　　　　　　　　　表 4-2

环境设施设计的基本流程一般可分为设计立项（目标、计划）阶段、方案设计阶段、设计扩初（技术、模型）阶段、施工图设计阶段、设计实施阶段、设计评价与管理阶段六个阶段。

1. 设计立项（目标、计划）阶段

在环境设施设计立项阶段，首先要明确设计任务，了解并掌握各种有关环境设施的计划和目标。包括用户的需求和特性，考虑他们的预算和资金投入、使用特点、主题风格等；对现场环境的实地勘察，了解空间环境的性质、设计规模、功能特点、等级标准及设计期限。

其次，进行收集资料，并作设计分析和可行性调研（表4-3）。如收集与设计相关的资料和信息，并发放市场调研书，研究使用者的功能需求、精神需求、心理需求等。同时研究设计委托任务书、相关条件及法律法规等材料。

调研内容   表4-3

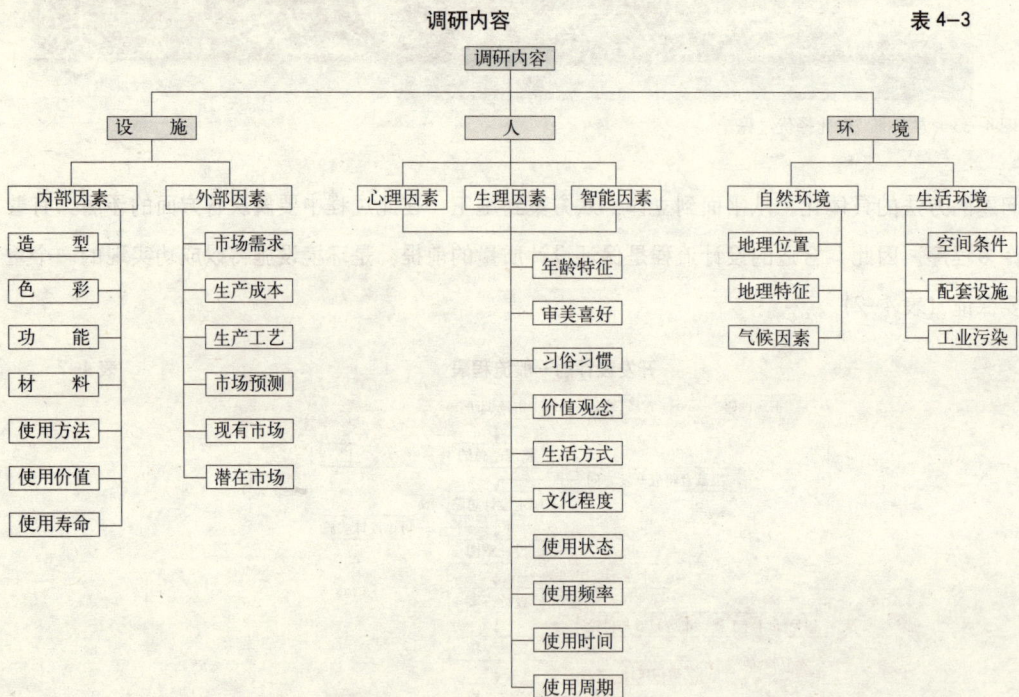

再次，制定设计进度表（表4-4）。将设计全过程的内容、时间、操作程序制成图表形式，并列明具体设计阶段的目标与计划。

制定设计计划应注意以下几个要点：

1）明确设计内容，掌握设计目的；

2）明确该设计过程中所需的每个环节；

3）弄清每个环节工作的目的及手段；

环境设施设计计划表　　　　　　　　　　　　　　　表 4-4

内容	计划	一月	二月
课题拟定	分析（可行性研究）	1–2	
	研究（针对性研究）	2	
	确定课题	3	
	前期准备	4	
调研	制定调查表	5	
	市场研究	6	
	需要研究	7	
	现有设施研究	8–9	
	行为习惯分析	10	
	生产技术条件	11	
	人、设施、环境关系综合分析	12–13	
设计构思	基本功能	14	
	基本结构	15	
	基本类型	16	
设计扩初	草图设计	17–18	
	草模	19	
	造型方案评审	20	
	细节设计	21	
设计深化	色彩定位分析	22	
	人机工学分析	23	
	材料工艺分析	24	
	技术结构分析	25	
	消费价值分析	26	
设计实施	工程制图	27	
	设施效果图	28	
	模型制作	29	
	版面制作	30	
	整理		1–7

（时间刻度：一月 1～31 日，二月 1～7 日）

4）理解每个环节之间的相互关系及作用；

5）充分估计每一环节工作所需的实际时间；

6）认识整个设计过程的要点和难点（表 4-5）。

环境设施设计的立项（目标、计划）　　　　　　　　表 4-5

设计阶段	设计内容	时间	目标
方案设计	市场调研、场地景观总图分析、功能结构分析、总体方案设计		确立设计理念，分析应解决的问题，确定总体方案
设计扩初	功能 节点分析、视觉与空间形态设计、相关技术配套分析、设计草模建立		科学体现设计理念，结合实际情况，合理传达场所现象、精神
施工图设计	平面图、立面图、剖面图、透视图，各工种技术配套图纸、大样、节点详图、材料色彩配置图等		明确材料及施工工艺，细化设计，使设计得以顺利实现
设计实施	现场建筑空间环境与设施协调		直观展示设计效果
设计评价与管理	后期市场反馈，制定相关日常维护的注意事项		利于设计品质的提高及日常管理与维修

2. 方案设计阶段

在前期工作成果的基础上，进一步对相关资料的综合分析、交流，进入设计过程的关键性阶段，进行设计构思与方案比较、完善、表现。在此阶段，设计从空间环境现状与人的生理、心理等因素入手展开构想，对环境设施设计的造型布局、空间和交通关系、表现形式和艺术效果等，进行目标定位、技术定位、人机界面定位、预算定位等，进行多方案比较，确定最佳设计方案，并用设计说明、平面图、立面图、剖面图、彩色透视图等设计文件交代清楚（表4-6）。

环境设施方案设计 表4-6

设计项目	设计内容	要 求	目 的
方案设计	资源普查与市场调研	广泛征求意见，进行项目讨论	提出现状问题，分析优秀环境设施设计经验
	设计理念	编制规划大纲，出空间环境总图分析	提出总体设计方案，明确设计理念
	空间形态结构分析	个体设施设计、与空间环境功能布局关系分析	确立环境设施个体与空间环境相关关系及各自特色
	景观功能结构分析	个体设施造型、色彩、肌理对空间环境的影响	确立景观意象，完成设计初稿，进行项目内部修改、完善

3. 设计扩初（技术、模型）阶段

环境设施的设计扩初是扩大初步方案设计的具体化阶段，也是各种相关技术，如管线、水电等问题的定案阶段。它包括确定整体环境和各个体环境设施的具体做法，对各单元的尺寸设定、用色、用材配置，并合理解决各技术工种之间的矛盾，以及编制设计预决算等，并用图纸、图表、模型等手段来表达设计意图，来确定最终的设计定案（表4-7）。

环境设施设计扩初 表4-7

设计项目	设计内容	要 求	备 注
工程扩初设计	分区节点功能分析	在方案设计的基础上，细化环境设施的功能分析，重点在节点设计；提出现状问题，吸收优秀设计经验，提出详细设计方案	
	视觉与空间形态设计	在明确的设计理念统筹下，提出各环境设施与空间环境的视觉关系	
	景观构成分析与设计	确立环境设施个体特色，组织其与空间环境的空间形态（围合、放射、线性、边界、拦阻、分划、掩蔽）	

4. 施工图设计阶段

环境设施设计经过设计立项、方案切入、扩初设计、设计表现等过程确定最终方案。在进入施工实施前，需在技术的基础上，补充、修改施工所需的有关设计平面图、立面图、剖面图、节点详图、细部大样图、设备结构图等各专业图纸和编制施工说明文件，并与其他专业充分协调。综合解决各种技术问题，使施工顺利实施。这部分工作是十分必要与繁琐的，要求表达清晰、确切周全（表4–8）。

环境设施施工图设计 　　　　　　　　　　　　　　　表4–8

设计项目	设计内容	要　求
施工图设计	方案设计图纸	完善、修改设计图纸，各尺寸、材料、做法均需逐一标明
	设备、结构图纸	配合方案设计图，相关技术问题细化说明
	施工文件	图表结合，表达明晰、规范、确切周全

5. 设计实施阶段

设计实施阶段，又称作为工程施工阶段。这个阶段设计师的设计工作虽已基本完成，但为了设计的意图、效果能更好地得以实现，在施工之前，设计师应及时向施工单位、工人进行图纸的技术交底，介绍设计意图，解释设计说明。在施工过程中，设计师仍然要定期地到施工现场与施工工人进行交流，按照设计图纸进行核对。根据施工现场实际情况对设计图纸的局部修改或补充。处理好与各专业工种发生的矛盾，帮助业主订货选样、选型。施工结束后，协同质检部门和监理单位进行工程质量验收等。

6. 设计评价与管理阶段

设计评价是设计施工结束后，使用者对实际使用、操作后提出的客观信息反馈、综评分析，它是衡量设计、施工成功与否的标准之一。随着现代社会发展和设计对象的复杂化，对设计、施工提出了更高的要求，这就要求设计师在完成一件作品后必须及时进行总结分析，在设计的技术、美学、人性等方面进行再次提升。

设计日常管理是设计师提供给使用单位或用户的有关环境设施日常使用和维护的注意事项，是业主日后进行管理的参照依据之一。

在整个环境设施设计过程中，作为设计师必须要把握好设计的基本程序，注意各阶段的任务分工，充分重视与各专业人员、非专业人员保持沟通，合理调动各方面因素，将设计的内涵与意象准确地转化为现实，以确保理想效果的实现。

4.4 设计材料与工艺技术

环境设施设计强调科学、艺术、功能等因素的相互渗透、融合，同时环境设施的艺术表现突破传统的二维或三维的空间形态，调动和使用各种艺术、技术的手段，强调信息化和现代科技、材料、工艺的追求，使设计达到最佳的形、色、光、材、声匹配效果，尽量减少能源的消耗，创造适合人的空间环境设施。这其中结构的合理、材料的选用、技术加工的过程等，都将直接影响着环境设施的形态与功效。因此，结构、材料、工艺技术在环境设施设计中有着不可或缺的作用和地位。

4.4.1 设计材料

在漫长的人类造物的历史长河中，人们总是不断发现、发明新的材料，利用它们来改善我们的生活和生存环境，材料应用的发展是人类发展的里程碑。

环境设施设计是通过各种设计技法结合相应的材料来实现空间实体的创造。因此，材料的运用是环境设施设计不可缺少的条件。随着材料技术的发展，导致了许多新材料的问世，为设计提供了更为广阔的材料选择余地。设计者必须掌握各种材料的性质与特征，不同的材料有不同的物理特性和审美特征，有不同的肌理效果和色泽质感。在具体的环境设施设计时，要根据材料的不同特征与性质，进行综合考虑，从而达到理想的视觉效果和功能需求。

1. 材料的分类（图 4-34）

环境设施设计的材料品种繁多，功能、性质各异，有着各种不同的分类方法。从材料的属性来划分，环境设施设计经常使用的主要有：

木材：包括各种天然木板、美耐板、塑合板材、藤、竹子等；

石材：包括石膏、混凝土、大理石、花岗岩、瓷砖、陶瓷、PVC 砖等；

金属：包括不锈钢、铝板、铝合金、铜合金、铁、铸铁、铸钢、合金钢、碳素钢、抛光金属、金属网等；

塑料：包括有机帆布、PVC 材、尼龙、塑胶材、各种树脂、橡胶、ABS 板、有机玻璃、玻璃钢等；

玻璃：包括钢化玻璃、镜面玻璃等；

漆料：包括室外用丙烯酸乳胶漆、各色真石漆、膨胀型乳酸防火涂料等。

2. 材料的质感

材料的质感是通过人的视觉、触觉而产生一种直观印象。不同的材料给人的感觉不同，使用特点也不同。大体归纳如下：

（1）木材

木材是环境设施使用较为广泛的材料，它的可操作性是其他材料无法比拟的，并具有易拆

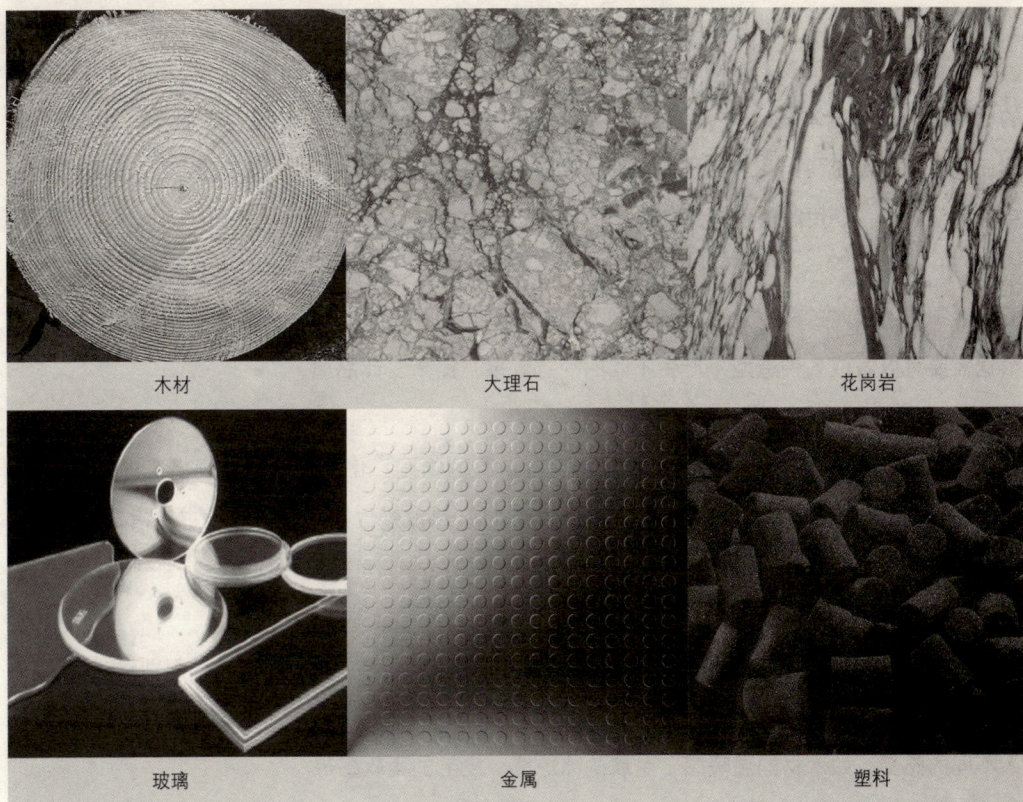

|图 4-34　各类材料

除、易拼装的特点，木材除了加工方便外，本身还具有很强的自然气息，容易融入和软化环境，具有一定的符号特征。由于木材的特性是比较暖性的材质，适合于制作成坐椅等与人体直接接触的环境设施，但需作防腐处理。

（2）石材

由于石材不易腐蚀且比较坚硬，在环境设施设计中使用最为广泛。不同的石材具有不同的表情，一般具有厚重、冷静的表情特征，通常可以起到烘托与陪衬其他质材的作用。石材的纹理极具自然美感，可以切割成各种形状，产生丰富多样的拼贴效果。石材直接取材于自然，因而也同样具有自然的特征。由于石材属冷性材料，容易使人产生冰冷感，大量使用时，需用其他暖性材料来软化它。

（3）塑料

塑料是人造合成物的代表，由于不易碎裂，加工又比较方便，已逐渐被广泛运用。塑料可以按照预先的设计，制作成各种造型，这是其他材料无法比拟的。塑料具有特有的人情味和很强的时代性，传达着工业文化的信息。但也存在耐性差、易变形、易静电等弱点。

（4）玻璃

玻璃也是人造产物，具有一定透明性，对光有着较强的反射、折射性，是有别于其他材质的根本之处。在具体设计中，利用这一特殊质感进行设计，可增加奇异的效果。除此之外，玻璃还具有坚硬、锐利、清洁及易加工等特点，能营造出轻盈、明快的视觉效果。但它容易破碎，存在危险隐患，使用时需作特殊处理。

（5）金属

金属具有优越的表现效果，其表现力也广泛为环境设施设计服务，具有冰冷、贵重的特质。根据需要可以做成各种造型，产生不同的视觉效果，提高设计品质。

3．材料的属性

（1）自然属性：材料的自然属性是指材料自身的物理、化学性能所体现出来的基本特征。如金属材料的物理性能是指材料的导热性、导电性、热敏感性等；化学性能主要指材料在常温或高温条件下，抵抗氧化或腐蚀物质对其化学侵蚀的能力，包括耐腐蚀性、抗氧化性、耐酸性和耐碱性。

（2）情感属性：指材料通过视觉和触觉给人的知觉印象。人们通常用视觉来判别材料的质感，通过触摸材料而感知材料的表面特性。不同材料具有不同的组织、质地、纹理、硬度等，给予人不同的感受。如木材的温暖感、金属的冰凉感、皮毛的柔软感等。

（3）社会属性：是指结合社会价值标准对材料的环保、可持续发展进行的一种价值判断。如绿色材质正是源于人们对于现代技术所引起的环境、生态的破坏及对健康的不良影响的反思。

4．材料的组织关系

各种材料往往不是孤立地使用，而是相互补充、搭配。无论如何使用，都应做到丰富多样、协调统一，与环境设施的功能、艺术特征相配，符合空间环境的需要。其组织特点主要有以下几点：

（1）协调性

在设计中，材料的协调性具有一定的规律，但凡在色彩、质感、质地、光泽等任意一项具有相同之处，就可以进行组合运用，产生协调一致的效果。比如质地相同可以体现出材料的共同属性关系，质感相同可体现出感官上更为内在的关系。

人的审美习惯有一个恒常性，人们已习惯的材料因其被长期使用，会在心理上得到一定的认可，从而会觉得其符合规律，具有协调性。所以在具体设计中，要求把握材料本身的特性和了解人的视觉审美习惯，才能充分体现材质的协调性。

（2）秩序性

材质的秩序性就是用几种材料建立起一定的秩序关系，以满足视觉审美，如使几种材料按一定的方向、顺序或一定的比例进行排列，形成特定主题表达。

（3）对比性

材质的对比性，是要合理运用各种材料之间的质感、色彩等对比关系，使其搭配得当、对比明确，既和谐统一，又不失单调。

4.4.2 工艺技术

任何设计都要接受着技术的影响，同时设计最终要投入到工业生产中，离开了生产技术的设计也就失去了意义，环境设施设计也不例外。

环境设施的艺术造型是要通过先进而合理的现代工业技术来实现的，先进的工艺技术是实现环境设施造型的关键，同时是环境设施具有时代感的重要标志。

不同的工艺技术可产生不同的工艺美感，不同的工艺美感影响着环境设施的性格特征。因此，采用不同的工艺技术，所获得的造型效果也不一样。比如，车削件有精细、严密、旋转纹理的特点；焊接型材由于棱角分明，而有秀丽、硬朗之感；铣磨加工具有均匀、平滑、光洁致密的特点；铸塑工艺有圆润、饱满的特点；喷砂处理的铝材有均匀的坑痕，表面呈现亚光细腻的肌理；板材成型有棱、有圆，具有曲直匀称、丰厚的特点等。当然，随着社会的逐步发展，工艺技术也在不断的发展，设计作为技术的反映，也将随着技术的发展而发展。

如今，随着新兴的信息技术的发展，已引起了设计生产及设计模式划时代的变革。计算机作为辅助工具，已经渗透到了设计领域的各个方面，并起着重要的作用。从设计的创意阶段到设计生产甚至消费阶段，计算机技术已经成为一种不可替代的工艺技术，并且还将朝着更为深入的方面发展。

所以，工艺技术作为设计发展的重要因素，将直接关系到设计者的设计工作，技术的发展瞬息万变，只有掌握了最为前沿的技术，才能在设计中得心应手，才能设计出更为实际的环境设施。

4.5 人·机·环境系统

4.5.1 人机工程学的合理运用

随着科学技术的发展，生产过程的机械化、自动化以及自动装置、计算机装置的广泛应用，人和机械及工作环境之间的协调关系对人提出了操作速度的准确度及舒适度的高要求。现代设计的新理念要创造一个新的适宜的环境条件，符合人的生理和心理特点，满足操作方便、反应准确、减少差错、提高工效的要求。因此，在提高人—机系统整体效率过程中，就出现了人机工程学学科。人机工程学最新定义是2000年8月国际人机工程学学会（简称IEA）给出的，它指出人机工程学是研究人与系统中其他各种元素相互作用，运用各种理论、法则、数据及其他各种方法和手段，揭示如何使人的健康、安全、舒适及系统运行最优化的科学。

人机工程学研究"人—机—环境"系统中三要素之间的关系（图 4-35）。主要包括以下几个方面：

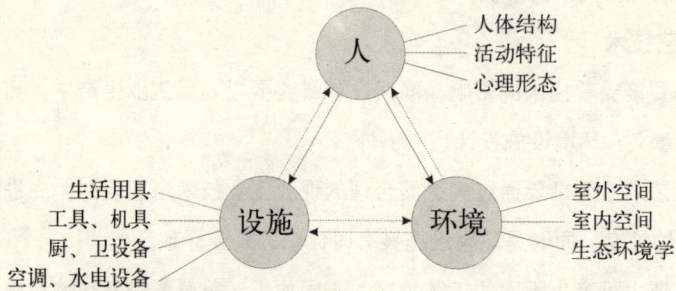

图 4-35　人－设施－环境的相互关系

（1）人——系统中的"人"是指作业者、使用者，是与系统发生关系的人。一般来说，人以性别分为男、女；以年龄分为老、中、青、少、幼；以体质分为强、中、弱；以体型分为高、矮、胖、瘦、适中。如果从心理因素和地域背景等角度来分类将更加复杂。

（2）机——系统中的"机"是指人操作和使用的一切产品或工程界面系统。较之一般意义的"机器"的概念要更广些。

（3）环境——系统中的"环境"是指人工作和生活的小环境，是与人机系统发生直接影响的环境因素，会对人产生直接、间接的影响及应激作用。

要系统研究"人—机—环境"的协调统一关系，需对以生理学、心理学为基础的人机工程学，结合各类相关知识进行研究分析。人机工程学的研究内容，经历了一个由早期"以物为中心"转到后来"以人为中心"，再转到现在"以人和物的和谐关系为中心"的过程。人的因素也更具普遍意义，包含特殊人群在内的人的特性和需求的研究上，是更广泛意义上的人文关怀，体现出一种更加人性化的发展趋势。除了大众的普通日常生活之外，专为特殊族群所设计的产品在人机工程学上需要更多的考虑（图 4-36）。

4.5.2　人的行为特征与空间尺度

环境设施的设计基础是以人为基本模数的。人类学家爱德华·T·霍尔提出的"气泡"概念，提出任何活的人体都有一个使其与外部环境分开的物质界限，同时在人体近距离内有个非物质界限（图 4-37）。由于"气泡"的存在，人们在相互交往和活动时，通常保持一定的距离，而且这种距离与人的行为反应、心理感受、心理需要等产生相当密切的关系。霍尔对此进行了较为深入的分析研究，归纳出四种常用的人际距离，即：亲密距离、个人距离、社交距离和公共距离（表 4-9）。而人们在不用的场合下，使用的人际距离也不一；不同民族、不同文化程度、

图4-36　儿童坐便器－周奇瑾设计、李锋指导

人际距离和行为特征（单位：mm）　　　　　　　　　　　　　　表4-9

亲密距离：0-450	接近相 0 -150，能感受到对方视觉、气味、呼吸和体温 远方相 150-450，可与对方接触握手，表现在亲人，情人、密友之间
个人距离：450-1200	接近相 450-750，促膝交谈，仍可与对方接触 远方相 750-1200，清楚地看到对方细微表情的交谈
社会距离：1200-3600	接近相 1200-2100，社会交往，同事相处的礼节性业务接洽 远方相 2100-3600，交往不密的社会距离
公共距离：＞3600	接近相 3600-7500，用于地位、背景及活动方式不同的人之间 远方相 ＞7500，主要借助姿势和扩音器的讲演，通过视觉和听觉进行

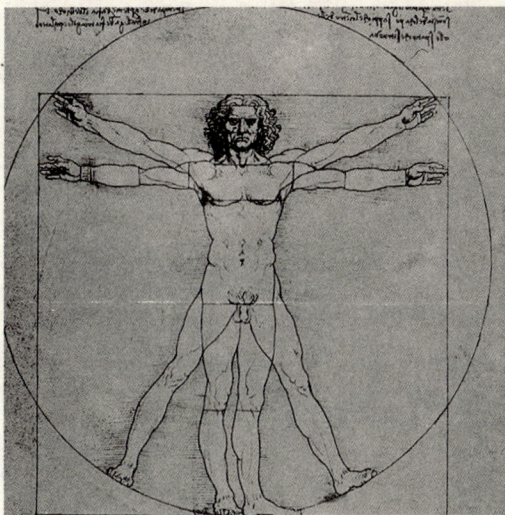

图4-37　莱昂纳多·达芬奇（Leonardo da Uinci）圆周内的人形 1485-1490 年

不同宗教信仰、不同的性别和职业，其人际距离也会有所差异。

环境设施本身的尺寸及所处的空间尺度等均需以人体为标准的绝对尺寸为基准，进行组织、设计和布置，人的活动范围与行为所构成的特定尺度是界定其他设计尺度的标准。这其中要注意的几个要点：

（1）环境设施本身的形状是没有尺度概念的，只有将其与其他因素尤其是人自身的关系产生比较，才能确定具体空间尺度。即：空间环境及空间中各设施要素之间的比例、尺寸关系；人体尺寸与空间的比例、尺寸关系。

068

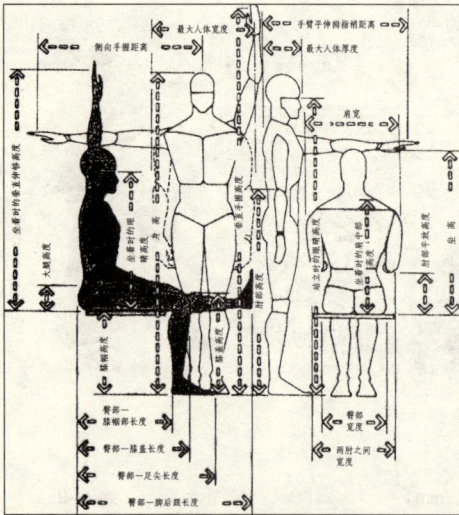

图4-38 空间设计常用的人体测量尺寸，是界定空间的标准

（2）环境设施中，人体尺寸的应用，包括静态尺寸与动态尺寸两个方面。

静态尺寸，又称结构尺寸，是人体处于相对静止状态下所测得的尺寸，计测可在坐、立、跪、卧四种姿态下进行，这些姿势均有人体结构上的基本尺度特征（图4-38）。

动态尺寸，又称机能尺寸，是人体在进行各种动作时，各部位的尺寸值以及动作幅度所在空间的尺度。在实际生活中，人是处于一个动态的"立体作业范围"（图4-39）。

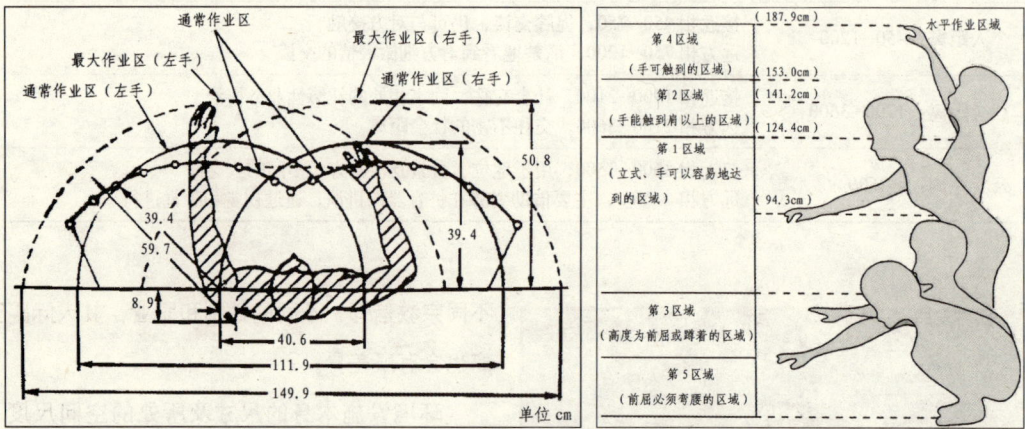

图4-39 作业空间示意图（左：水平作业区域 右：垂直作业区域）

（3）实际尺度和心理尺度。

实际尺度是环境设施的本身尺寸在空间中所形成的具体空间密度，是环境设施的数学比例关系。心理尺度是人对环境设施的实际尺度在空间环境中的心理感觉。若设施所处空间密度过大，使人产生紧张不安的心理感受；若设施所处空间密度过小，使人产生匮乏、窒息的感觉。因此在具体设计中，这两种尺度都共同存在，既要考虑环境设施本身的因素，还要考虑设施所在环境空间的整体形态尺度，各有侧重，又相互联系。

4.5.3 环境设施与人的互动关系

环境设施与人类的社会生活关系密切，人在城市空间中的行为活动离不开环境设施。在城市空间中，环境设施对人们的户外活动、交往提供了服务，人们又根据自身的行为需求来改造和完善环境设施，从而改善我们的生活质量，赋予城市新的意义。

由于环境设施所服务的对象——人，具有复杂性和多元性，不同的年龄、职业、爱好决定了丰富的行为需求，也使得城市环境设施的设计具有多元性、复杂性的特征。同时，随着社会的变化发展，人们的行为习惯和需求方式也在不断变化，环境设施的发展也与之适应，这是一个动态的发展过程。

4.5.4 视觉分析

在具体环境设施设计过程中，要充分考虑人的动作和视觉等特征，从心理上、视觉上、使用上，真正使环境设施与人形成互动。以下主要就环境设施在城市空间中的视觉分析进行阐述。

视觉是人类最主要的感知能力，是人类获取信息的重要途径，通过视觉可以感知外部世界的形状、大小、色彩、明暗、运动等诸多方面的信息。

人的视觉特征主要有视野、视角、视力、视线、明度适应、眩光、错视等组成。从对视觉的科学分析中，得出以下几种视觉的运动规律：

(1) 视线水平移动比垂直移动快；

(2) 对水平方向尺寸的判断比垂直方向更准确；

(3) 视线移动方向习惯从左到右，由上至下；

(4) 人眼对所视物的直线轮廓比曲线轮廓更易接受；

(5) 人的阅读习惯是跳跃式的；

(6) 人的视觉具有视错觉状态。

环境设施的视觉分析，除了考虑其本身的形体、色彩、材质和使用功能外，特别要注重环境设施与所处空间环境之间的个体与群体之间在空间、位置、体量等方面的关系。视觉分析对合理处理环境设施的整体性、协调性等关系上是十分重要的。

对环境设施进行视觉分析主要包括：水平视野分析、垂直视野分析、视野协调分析。

1. 水平视野分析

环境设施设计的水平视野分析是研究环境设施的横向宽度及空间的纵深距离。

根据科学测定水平方向视区的中心视角10°以内是最佳视区，人眼的识别力最强；人眼在中心视角为20°范围内是瞬息视区，可在极短的时间内识别物体形象；人眼在中心视角为30°范围内是有效视区，需集中精力才能识别物象；人眼在中心视角为120°范围内为最大视区，对处于此视区边缘的物象，需要投入相当的注意力才能识别清晰。人若将其头部转动，最大视区范围可扩展到220°左右（图4-40）。

2. 垂直视野分析

环境设施设计的垂直视野分析是研究环境设施的高度及总体平面配置的进深度。

根据科学测定垂直方向视区的中人眼的最佳视区在视平线以下约10°左右，视平线以上10°到视平线以下30°范围为良好视区，视平线以上60°到视平线以下70°范围为最大视区，最优视区与水平方向相似（图4-41）。

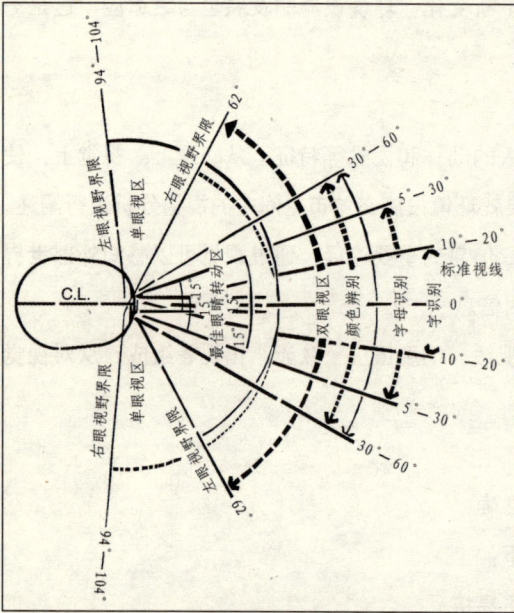

图4-40　水平面内视野－视野是以角度测量的空间范围，一只眼睛的视野为"单眼视野"。当双眼同时看物体时，两只眼睛的视野重叠，形成"双眼视区"，大约在左右60°以内。而字母识别范围为左右20°，该区域内为理想的视觉区

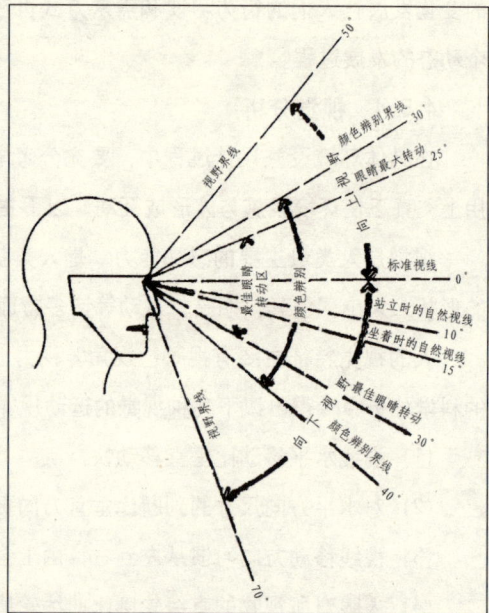

图4-41　垂直面内视野－假定标准视线是水平的，定位0°，那么人的自然视线是低于水平线的，并且人站立时自然视线大约低于水平线10°，坐着时大约为15°。在很松弛的状态中，站立和坐着的视线偏移都很大，分别为30°和38°。观看物品的向下的最佳视区在低于标准视线30°的区域内

3. 视野协调分析

环境设施设计除了进行水平与垂直视野分析外，还要进行视野整体协调分析。

人们在视觉上观察环境设施一般存在三种情况：远眺、近视、细察。

远眺是一种全景式的整体性观赏，适合于总览环境设施的全貌；近视是对个体设施或其主体部分进行观察；细察是一种亲密化的观察，对环境设施的质感、纹理等特点均有体察。

一般情况（平视条件）下，观赏距离（D）与视平线以上物品高度（H）成不同比例，视觉效果各异（图4-42）。

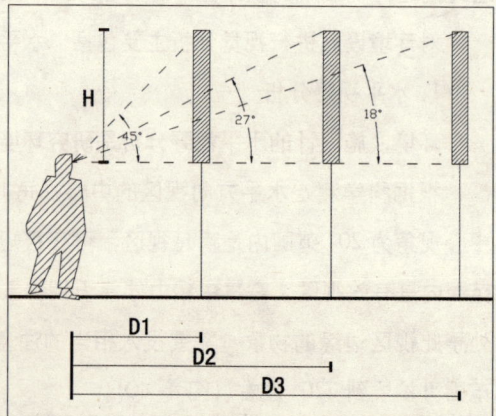

图4-42　D/H=1/1时，极限视角，适合于细部观赏；D/H=2/1时，近视个体最佳视角；D/H=3/1时，远眺，全面观赏

第5章 | 各类环境设施设计及运用

5.1 公用系统设施设计及在城市空间环境中的运用

5.1.1 信息设施

1. 标志

标志是信息设施的重要组成部分，具有显著的记号作用和通俗易懂的特点，往往通过文字、图示等形式予以传达信息及表示区域、场所的名称，为了提高环境识别的便利性，公共信息标志已被人们广泛认同和推广（图5-1）。

（1）主要分类

公共信息标志主要有环境指示牌、门牌标志牌、路名指示牌、商业宣传标志牌、大楼系统标志等；其设置形式有屋顶塔式、独立式、地面固定式、壁面固定式、悬挂式等。

图5-1 利用镂空餐具图形的餐饮标志

（2）设计要点

1）标志的材料、质感、比例、尺度、色彩、灯光及所显示的信息等方面均要与周边环境有机结合，尤其像商业宣传标志往往处在建筑物的明显处而影响着建筑物的轮廓线，起到烘托建筑空间的作用。

2）传达信息简明扼要，能给人以明确信息的视觉效果。在设计时首先应抓住与人的感知和记忆关联度大的特征，使其具有良好的视觉印象。

3）标志牌要求坚固、经济、易加工；同时要符合当地广告规划的具体要求。

4）设置地点的易见度要高，充分发挥公共信息标志的传递媒介作用。

2. 街钟

随着人们生活节奏的加快，对时间观念的要求加大，为了方便行人能准确掌握时间，街钟作为计时工具就越来越多地出现在现代城市广场、商业街、公园等地。

街钟可独立设置，也可与建筑物相结合，或与其他环境设施结合设计。由于街钟往往需要一定的高度，容易成为空间环境中的视觉焦点，在设计时应重点注意其造型结构，且尽量结合地域特征以反映地方特色（图5-2）。

3. 电话亭

公用电话亭是常见的城市信息设施之一。虽然在城市里有很多人士已有了移动电话，但如出门忘带手机或手机没电的时候，老人、儿童急需帮助或报警时等都还需要公用电话亭。电话亭作为城市景观的组成要素，以其独特的造型和风格，丰富着城市空间环境（图5-3）。

图5-2　天津万科水晶城塔式钟楼

图5-3　杭州湖滨路上与所处环境融合的电话亭

(1) 主要分类

公用电话亭按其外形可分为适用于公共绿地、广场等宽敞空间的封闭式，适用于一般道路的敞开式以及适宜安装在墙壁上的附壁式三种形式。

(2) 设计要点

1) 公用电话亭处于城市公共环境中，要与环境相和谐，设计时应注意造型结构、材质耐用、色彩统一、维修方便等因素，同时还要满足电话亭的未来发展需要。

2) 设计时应考虑使用者在使用过程中对私密性的要求，要注意适当的分隔。

3) 在步行环境中的电话亭一般为 100m ~ 200m 设置一个，其高度约 2m 左右，长宽度视空间环境的大小而定。材料常采用铝、钢板及钢化玻璃、有机玻璃等。

4. 音响设备

为营造场地气氛而在室外环境中常设有音响设备，来提供背景音乐。音响设备的设计与设置可结合建筑小品、绿化等设施，使其尽量隐蔽布置，形成只见其声、不见其形的效果。

5. 售货亭

随着现代城市空间环境质量的提升，人们对生活条件要求的提高，兼具服务和提供信息的售货亭，已在我们的周围成为不可缺少的环境设施（图 5-4）。

图 5-4　香港迪斯尼乐园科技感很强的机器人售货亭

（1）主要分类

售货亭的形式多种多样，从形态上分为几何形、不规则形、仿古亭形等；从材料上分为塑料、木制、铝合金、玻璃等；从功用上分主要有书报亭、花亭、售票亭、问询处等。

（2）设计要点

1）要结合人流活动路线，考虑设置的位置和朝向，以便人们的识别和寻找。

2）在其实用功能设计上可设计成可伸缩型或可拆卸型，以具有更大的灵活性，也可采用通透形式以方便使用。

3）在造型和色彩设计上应独特新颖、美观大气、亮丽典雅，与周围景观融为一体，以形成景观环境中的亮点。

6．信息终端

信息终端这种设施是当今市场及科技发展趋势的产物。这种自助式的平台能够储存更多的信息，能更方便快捷地满足不同人群的需要。如自助售货设施、自助信息查询等。设计时针对其为高科技产品，在造型和选材上尽量体现现代感和技术感（图5-5）。

7．宣传栏

在街道、社区等人群较为密集地方的显眼处，往往都会设置一定数量的宣传栏，以把最新信息传达给公众。

要根据不同的使用需求，在造型、色彩设计时有所侧重，要跟周围环境协调。又因其使用频率较高，所以选用的材料要牢固、经济，以免被破坏。

5.1.2 卫生设施

为提高城市公共空间环境的卫生水平，满足户外活动的人对卫生条件的需求，满足人对整体环境视觉上美的需求，而需设置相应的卫生设施。此类环境设施的设置需要与排水、供水等系统联合组织实施，并尽量做到使用者和管理者的相互配合。

1．垃圾箱、烟灰缸

垃圾箱是反映一个城市文明程度和居民文化素养的标志，是为保持公共活动场所的清洁卫生而设置，一般设在道路两侧和人群驻足集中之处。有的垃圾箱还附带着烟灰缸功能（图5-6）。

（1）主要分类

1）按垃圾箱的材质不同可分有塑料、不锈钢、锌板、金属、喷塑、金属烤漆、陶瓷、细石面金属、钢木、大理石等。

2）按垃圾箱固定法进行分类，一般分为独立可移动式、固定式和依托式。

3）按其清除方式可分为旋转式、抽底式、启门式、悬挂和连套式。

（2）在设计垃圾箱时要注意以下几点

图 5-5 日本大阪国际机场候机大厅的信息终端

图 5-6 西安大雁塔广场内符合场地文化环境的垃圾箱

1）垃圾箱的结构设计要坚固合理，既要保证投放、收取垃圾方便，又要防止垃圾被风吹散。在户外因易积留雨水，垃圾易腐烂，所以箱下部要设排水孔，以便排水通风。

2）应选用抗腐蚀，耐酸耐碱，防冻耐热，抗紫外线，不易褪色，且容易清洗等材料。

3）造型、色彩都充分考虑周边景观效果。在有独特的外形设计时，应满足基本的要求。其规格依据人机工学的计测尺寸而确定，一般高 60cm～80cm，宽 50cm～60cm。放置在车站、公共广场的垃圾箱体量较大，一般高度为 90cm～100cm；设置间距根据人流量和居住密度，一般在 30m～50m。

4）随着社会公众环保意识的加强，世界各国对垃圾回收作了分类处理要求，从而出现了分类垃圾箱形式。常常采用不同的标识和色彩划分不同垃圾的投放，如一般以绿色代表可回收垃圾；黄色代表不可回收垃圾；红色代表有毒垃圾等。

（3）在设计独立的烟灰箱时要注意以下几点

1）应能方便收取并采用耐火材料的构造。

2）烟灰缸一般分为三类：一是为行走状态下的烟民设立，其高度约为 70cm～100cm，方便弹放烟灰和烟头；二是为坐着状态下的烟民设立，其高度一般为 50cm～70cm，可与垃圾箱、休息坐椅等配套设施一同设置；三是在公共场合内开辟一块专用吸烟区域。

2. 饮水器、洗水器

饮水器和洗水器统称为用水器。在现代城市景观环境中具有实用与装饰双重功能，不仅方便了城市居民的户外饮用或洗涤，而且还提升了人们的健康质量，充分反映了以人为本的设计思想。用水器多设于中心广场、公园、儿童游乐中心、人流集中的场所（图5-7）。

（1）种类

1）按用水器龙头位置划分，有龙头在用水器的顶部和龙头在用水器主体侧面两种。

2）按照出水方式，有即用即放型与常流型。

3）按照制作材料分类，有混凝土抹面、水磨人造石、花岗岩、天然石、陶瓷、不锈钢、铸造铁、铸铝制品和木制等。

（2）设计要点

1）饮水器的造型尺度依据人机工学的计测数据而确定，并要考虑残疾人和老人的方便使用。供成人用时，一般高度在60cm～90cm之间，供儿童使用时，高度在40cm～60cm。

2）用水器的结构应具有较强的抗倾覆能力和防冻能力。

3）用水器的外观形态多采用方、圆、角形及其相互组合的几何形体，也可以象征性形象出现，增添环境的趣味与美感。

4）用水器应设在易于供水和排水的场所。如采用内部排水方式，须用粗管和大的受盘，采用外部排水时可在受体外面设沟槽自然流下，排入下水道等。

3. 雨水井

雨水井是一种设置在地面上用于排水的装置，其形式多种多样。如排水沟采用有组织的暗渠排水方式，可在排水沟上方设置不锈钢雨水箅，与地面铺装形成质感对比，或采用明沟排水方式，在用材上应与地面铺装相结合（图5-8）。

4. 公共厕所

公共厕所是在我们生活中不可缺少的一种卫生设施。长期以来在我国公厕的结构、造型及管理都存在着不足，有些地方在街道、交通枢纽站及其他的公共场合中几乎难以发现公共厕所，

图5-7 杭州西湖沿线设置的充分考虑不同人群使用的饮水器

图5-8 利用字体镂空的雨水井，形象地显示场地性质

| 图 5-9　杭州西湖沿线的通风、采光较好的公共厕所

这给行人带来了极大的不便。因此，要设计出在结构上更加合理，造型上更加美观，使用功能上更加卫生的公共厕所，让其作为景观建筑成为城市景观环境的一部分（图 5-9）。

随着科技的发展，智能公厕的出现，公共厕所也从一个侧面反映了一个国家的科技发展水平，反映了人们对生活的追求，也反映了一个民族的审美观。

（1）公共厕所分类

公共厕所主要有固定型和临时型两类。

（2）设计要点

1）公共厕所的设计应注重适用、卫生、经济、方便，造型上力求与周边环境相协调统一，并可考虑休息坐椅、花坛、绿化等配套设施。

2）公共厕所的设置距离应该根据人流活动频繁和密集程度而加以区分，一般街道公用厕所的设置距离为 700m～1000m；商业街和居住区为 300m～500m 左右；流动人口高度密集的场所则控制在 300m 之内。

3）根据使用状况的不同，男女便位的比例为 1/1 或 3/2；室内净高为 3m～4m 为宜，室内地面要比室外地面高；建筑的采光、通风面积与地面面积比应不小于 1/8，外墙采光不足可加天窗；大便位最小尺寸分别为外开门时 0.9m×1.2m，内开门时为 0.9m×1.4m，并列小便斗的中心间距不应小于 0.65m；单排便位的开门为外开门时，走道宽度以 1.3m，双排便位外开门的走道宽度以 1.5m 为宜，便位间的隔板高度应以 1.5m ～ 1.8m 为宜；

4）公共厕所的出入口，应有明确的中英文标志，并明确指示男女性别。

5）公共厕所的设计要考虑无障碍设计。（具体在安全系统设施章节中介绍）

5.1.3 交通设施

在城市公共空间环境中，交通设施是不可缺少的设施之一。它们不仅能改善城市交通环境的质量，还可在细节处理上体现对人的关注，并具有亲和的形象，塑造着城市的活力。

1. 停车场

随着我国社会经济的发展，汽车产业发展迅速，私家车的数量与日俱增，停车问题日趋明显，停车位的需求愈来愈大。传统意义上的停车方式已不能满足现状，有待于改进创新，地下车库、阶层车库、立体车库等形式已在逐渐增多。

（1）停车位尺寸

车位的基本尺寸各国不尽一致，我国相关资料、书籍中的参数也有区别。在设计时应以相关"文件"的规定为准。一般为：

1）小型车，如以"桑塔纳"为例：其长 4.55m、宽 1.89m、高 1.41m；中轻型客车，以 12 座"三菱"面包车为例：其长 4.39m、宽 1.69m、高 1.99m。设计时每辆车占用的停车面积可按标准车位平面 2.5m×6m 设计，回车场地的尺寸不宜小于 12m×12m；

2）大客车长度差别大，由 7.0m ～ 12.0m 不等，宽高多为 2.5m、4.0m，停车场的车位尺寸一般为长 10m ～ 12m，宽 3.5m ～ 4m。

3）通道的最小平曲线半径（m）：小型车为 7.0m，中轻型车为 10.5m，大型车、铰接车为 13.0m。

（2）停放方式

1）垂直停放：所需停车面最小，是一种常用的停车方式，常选择后退停发车，但为了保护绿化带，或避免汽车尾气直接排入建筑物内，也可采用前进停发车。

2）平行停放：是一种常见的路上停车方式，适合停车带宽度较小的场所。一般此类停车场标准尺寸为通道宽度为 3.8m 以上，停车位长度为 7m。

3）30°倾斜停放：也适用于整条停放车道狭窄的场所，但所需停车面积加大。如为前进停发车，通道宽度应保持在 3.8m 以上。

4）45°倾斜停放：采用 45°交叉停放，整条停车道无需太宽，且停车面积较小。前进停发车所需通道宽度为 3.8m 以上。

5）60°倾斜停放：整条车道宽度需加大。车辆出入方便。如为后退停发车，所需通道宽度为 4.5m 以上。

（3）设计要点

1）停车场的车流组织非常重要，入口及出口的布局应合理，保证车流进出方便；绿化、照明设施等应安排在距车位线 1m 以外的位置，以免妨碍车辆出入。

2）停车场的地面一般采用硬质地面，花岗石板和陶瓷广场地砖铺地，也可采用混凝土地面或铺设具有生态效果的植草砖地面，可软化生硬的停车场地。

图5-10 独立式卡轮自行车架

3）在停车场内进行适当的绿化植树，既可以美化环境又可形成庇荫，避免停放车辆内部温度过高。

2. 自行车停放处

我国人口众多，是世界上自行车使用最多的国家，成年人上下班、学生上下学时都将以自行车为代步交通工具。许多公共场所都应考虑设置一定面积的自行车停放处，必要时还应设置自行车架。车架的设计形式有带轮槽的预制混凝土台架、有卡放车轮的钢筋支承架，还有依附于栏杆等其他公共设施上的连体停车架（图5-10）。

（1）停放方式

自行车的存放设施不仅要考虑功能，更要体现效益，充分考虑一定面积内的停放利用率。自行车的存放可采用单侧式、双侧式、放射式、悬吊式和立挂式等方式。

（2）设计要点

1）停放场如有车棚时，其高度以成人可以自由进出为准，一般为 1.8m 以上。

2）停放场中除车棚外，还应配备照明、指示标志等辅助设施。

3）停放场的地面，最好选择那些不易受热变形的路面，如混凝土、天然石等。在作雨水排放设计时，既要考虑地面，又要兼顾顶棚，可在地面铺设碎石，使顶棚上排放下来的雨水直接渗入地下或设置相应的排水槽。

3. 公交车站点

公交车站点是城市公交系统重要的组成部分，是评价一个城市的文明程度和经济发展水平的重要指标。它的主要功能体现在保障人们在等候、上下车辆时的安全性和方便性（图5-11）。

（1）组成部分

公交站点设施包括汽车停车空间、行人上下车空间、候车亭空间、交通标牌，一般设有垃圾箱、烟灰缸、线路导引设施、照明设施和广告设施等。有条件应增设一些供人短时间休息的公共坐椅或装置，同时还应有盲道，考虑残疾人的需求。

（2）分类

公交车站点候车亭的造型主要有半封闭式和顶棚式两种。半封闭式的特点是从顶棚到背墙，一侧或两侧均采用隔板来分隔外界，其空间划分较明确；顶棚式的特点是四周通透，只有顶棚和支撑柱，这种形式适合于空间环境小、人流多的环境。

（3）设计要点

1）公交车站点的候车亭一般采用不锈钢、铝材、玻璃、有机玻璃板、阳光板等耐候性、耐腐蚀性好并且易于清洁的材料，这些材质、色彩的运用要注意易识别性。

2）候车亭因其体量较大，对环境的影响颇大，其造型力求简洁大方，富于现代感。并要考虑夜间的灯光景观效果，处理好与城市、区域特色及个体的关系，注意和整个环境能够融合在一起。

3）一般情况下，城市中所设的公交站点的候车亭长度应不大于 1.5～2 倍标准车长，宽度应不小于 1.2m。中途站点的设置应在公交线路的主要人流集散点，与同一线路上下形成对称站点应交叉设置，错开距离不小于 50m；当主干道的快车道宽度大于 22m 时，可不必叉位设置；在绿化带较宽的路旁或车道宽度小于 10m 的道路中途设置站点，其路旁绿化向人行道内等腰梯形凹进 25m 以上，开凹长度不低于 22m 为准。

4. 人行天桥及通道

为解决人车争道的交通矛盾，实现人车分离的交通模式，人行天桥和通道的设计作为这种交通设施已越来越多。近年来的天桥设计坚持以人为本的原则，除了方便人们通行，还要求设计精美，新技术和新材料合理应用并兼备休闲和景观等功能（图 5-12）。

图 5-11　造型极具现代感的公交车站点

图 5-12　浙江大学紫金港校区内户外天桥，成为环境的视觉中心

在设计时要充分考虑到无障碍设计。在人行天桥有两个引桥时，可以一个是坡道，一个是梯道，坡道上的扶手、色彩和材料以及防滑要求，均等同一般坡道。所用材料的耐气候变化的性能要更强，在一些天桥和通道上可以依据具体情况设置雨雪罩或遮阳罩，同时可与广告设施结合考虑，形成城市景观点。

5. 道路分隔设施

在城市空间环境中，道路分隔设施的种类很多，根据用途的不同主要有防护栏杆和隔离设施两类，这些设施的示意功能较强，以提高人们的安全意识，起到分隔人行、车行空间等作用。

(1) 防护栏杆

防护栏杆在防止行人随意跨越马路、装饰马路等方面都有比较好的效果，因此是街道空间环境设计中不可缺少的交通设施。防护栏杆是一种水平连续重复出现的构件，其造型别致、色彩明快、高度适宜、疏密效果都会给人以整齐、顺畅、大气、舒适的感觉。用于道路两侧可防止行人随意跨越马路，以达到完全分隔效果。防护栏杆常用的材料有铸铁、不锈钢、混凝土、木材及石材等（图5-13）。

(2) 隔离设施

除了防护栏杆这种比较强烈的分隔设施外，还有些隔离设施只是作为象征性而设置的。如石礅、石柱、车挡、缆柱等。道路上石礅、石柱的主要功能并不在于实际上的分隔，而是要形成一种心理上的隔离；车挡有固定的，也有可移动的，车挡尺度不宜过大，车挡的高度一般为70cm左右，设置间隔为60cm左右。过高会给人以视线上的阻滞感，达不到空间上隔而不断的效果；另外，有的缆柱还内藏链条，缆柱所使用的材料种类很多，如铸铁、不锈钢、混凝土、石材等，常用于步行区和机动车道路之间，有的可作为街道坐凳使用（图5-14）。

6. 台阶与坡道

在城市空间环境中，由于地势原因或功能需要，常常要改变地平面的高差。而台阶与坡道

图5-13 不锈钢防护栏杆

图5-14 杭州黄龙商务中心采用立体化的字母作分隔设施

是连接地面高差的主要交通设施，其主要功能就
是使行人从一个高度顺利地转移到另一个高度，
同时也产生丰富与变化的景观视线（图5-15）。

(1) 台阶组成

1) 踏面：指人们踏脚的水平面。

2) 踢面：指一个阶梯的垂直部分或高度。

3) 休息平台：指两组阶梯之间比较大的平面
间隔，主要作用是供人休息和缓冲的区域，而且
在视觉上有调和作用。

4) 扶栏：扶栏是供人抓握的，并使行人上下
台阶时保持平衡。

(2) 台阶设计要点

1) 室外空间比较宽阔，容易使物体看起来较
小，所以室外台阶比室内的台阶，在体量上应该
稍大一点，但要做得较宽阔而平缓。

| 图5-15　台阶景观－富有节奏的阶梯使环境更具情趣

2) 对于踏面宽度（b）与踢面高度（h）之间的关系来说，普通的原则是2h+b=60cm～
70cm。一般来说，室外踏面宽度不宜小于30cm，踢面的最小高度不宜小于10cm，最大高度为
16.5cm（小于10cm—易绊倒；大于16.5cm—老人及小孩行走困难）。通常，城市室外空间中
的台阶，若适当降低踢板高度，加宽踏板，可提高台阶的使用舒适性。

3) 一组台阶的踢面的垂直高度应保持一个常数。一般一组台阶不能只有一个踢踏面，行
走地面的高度变化要显而易见，才能使行人有时间调整自己的步伐和落脚点。一般来讲，一组
台阶最少应有2～3个踢踏面。

4) 在一组台阶中立面的最大值应符合如下关系：两平台之间的全部踢面高度之和不大于
120cm（无扶手、护墙等保护设施的台阶）；对于有保护设施的台阶最大值不超过180cm。较长
的台阶或者需要改变攀登方向，为了安全，应在中间设置休息平台，通常平台的深度为1.5m
左右。对于双向行人台阶，宽度不少于1.5m。

5) 扶栏高度为离踏面前沿约81cm～91.5cm，还应在台阶的始端和终端各自水平延伸
出46cm左右。一组台阶，特别是在公共场所，至少应配置一根扶栏，对于宽大的台阶，扶栏
之间的距离应为6cm～9m。踏板应设置1%左右的排水坡度。踏面应作防滑处理，天然石台
阶不要作细磨饰面。落差大的台阶，为避免降雨时雨水自台阶上瀑布般跌落，应在台阶两端
设置排水沟。

(3) 坡道设计要点

1) 城市道路的坡道设置与无障碍设计相关，常与台阶结合考虑。宽度宜在 1.5m 以上，有轮椅会车的地方最小宽度为 1.8m。坡面需作防滑处理，两侧应设置高度 15cm 的路缘石。

2) 坡道的坡度应设计在 6% 以下，最大纵坡 8.5%（1/12）。坡道的上下两端，应设置深度在 1.8m 以上的休息平台。

3) 坡道的排水坡度：机动车道的横坡度为 2%，人行道的横坡度为 1.5% ～ 2%。花砖路面，料石铺面路面等设置 1% ～ 2% 的雨水排水坡度。渣石路面、黏土路面等柔性路面设置 2% ～ 3% 的排水坡度。草皮路面设置 3% 左右的排水坡度，最小不得低于 1%。

7. 地面铺设

在城市道路上，我们每天都要接触到地面，为满足高频率、高强度的使用功能要求，往往需要作铺设处理。因此地面铺设是城市建筑及环境设计中最为常见的设施（图 5-16）。地面铺设有软质铺设、硬质铺设和软硬结合铺设。软质铺设以草坪等植物为主要材料进行铺设；硬质铺设采用硬质砌块材料进行铺设。

(1) 常用铺设材料

地面铺设的材料很多，常用的有沥青、混凝土、花岗岩、花砖、天然石、卵石、砂土、木、草皮、合成树脂等，可根据不同的要求作出选择。

(2) 地面铺设的特征

1) 成图性

成图性是指通过不同材料的组织运用，形成不同的图案特征，界定不同的空间特性。它们是创造良好城市景观的基础，也有潜在的艺术形象。

2) 时空性

城市空间的时空性往往可通过铺装的变化来实现。通过铺设图案的导向，标明行动方向和暗示游览速度、节奏，为人们提供良好的视觉转换、视觉引导和视觉聚焦等，使城市地面空间形成连续不断的序列画面。

3) 趣味性

地面铺设为人们的活动提供了运动的轨迹和停留的焦点，并通过点、线、面的有机组合形成多姿多彩的铺设图案变化，赋予空间以某种寓意和神韵色彩。

图 5-16 香港星光大道上"明星手印"铺装

(3) 设计准则

1) 遵循整体统一的原则

无论是铺设材料的选择，还是铺设图案的设计，都要与铺设场地的面积大小及周边景观形式相呼应。同时硬质铺设可与草坪、绿化有机结合，可以软化地面，形成生动、自然和丰富的构成效果。

2) 注重铺设效果美观原则

铺设图案结构、拼缝及材料色彩、尺度、质感的变化，要反映场地功能的区别，与场地的尺度有明确关系。如一般场地的铺设在整个空间环境中仅起背景的作用，不宜采用大面积鲜艳的色彩；在小环境中，铺设材料的尺寸不宜太大，质感、纹理且要求细腻、精致。

3) 铺设的安全性原则

保证铺设材料的必须强度要求，注意毛面与光面的搭配使用，做到任何时候都能防滑与顺利排水。有地灯设施时要充分注意管线与电路的配置。

5.1.4 休息设施

休息不仅是人的生理体能上的休憩，还有人的思想、情绪放松的精神休息。所以休息设施的设置充分体现了社会对人们的关爱，有利于人们之间的相互沟通，是社会多元化设计的发展趋势。

1. 坐椅（长椅、坐凳）

为满足城市居民的日常休憩活动，在城市空间环境中的广场、街道、公园等场所，常设置坐椅，以供人们休息、交流、读书等。坐椅是城市环境中利用率最高的休息设施，其不仅有很强的实用功能，而且也是城市景观的重要因素。

(1) 坐椅种类

坐椅的种类很多，有单人的、双人的、多人的、带靠背的、不带靠背的等；从外形上看，坐椅有椅型、凳型、规则型、不规则型；从设置上看，除普通平置式、嵌砌式外，还有设置在树木周围兼作保护设施的圈树椅，另外室外环境中的台阶、叠石、花坛也具有坐椅的功能。

(2) 坐椅材料

坐椅的制作材料较为丰富，主要有木材、石材、混凝土、仿石材料、金属、陶瓷、塑胶等。可根据其使用功能要求和具体空间环境来选用相匹配的材料与工艺（表5-1）。

(3) 坐椅设计要点

1) 坐椅设计要考虑人在环境中的活动规律和心理习惯。因人受空间环境作用的影响，其设置的位置、造型、数量都会引起不同的心理感受，并因此影响人们的行为目的。

2) 坐椅配置地点要合理，最好在空间环境的设计和施工过程中综合考虑，应避免设立在阴暗地、陡坡地、穿堂风强的场所和对人出入有妨碍的地方。

各种坐椅材料性能特点比 表5-1

材料类型	性能优缺点	其他
木材	触感、质感好，易于加工，但保存性、耐抗性、热传导差，易损坏	现在更多地选用经过特殊加工的木材料
石材	质地硬，触感冰凉，且夏热冬凉，不易加工，但耐久性非常好	经过特别加工的石质坐椅，可有着某种雕塑效果，常被用在城市广场，作为景观装饰
混凝土	耐久性强，价格便宜；可根据现场需要现浇制作	常被用来制作成兼作花坛挡土墙的石凳，一般座面都作花砖饰面或石塑铺面等处理
金属	热传导性强，易受四季气温变化影响，但有某种特殊的质感	可选用以散热快、质感好的抗击打金属、铁丝网等材料加工制作的坐椅
陶瓷	易受四季温差影响，质感好；其造型丰富，但体量受限	具有一种天然土质的温热感
塑胶	造型、色彩丰富，可批量生产，价格便宜；经年久易褪色、老化	常用于次要场所的休息设施制作

3）坐椅要坚固耐用，不宜损坏、积尘、积水。供人长时间休憩的坐椅，应注意设置的私密性，常以单座型或带高背分隔型为宜。炎热地带应尽量设在树下、墙体等遮阴之处。

4）坐椅设计应符合人体生理角度，大小一般以满足1～3人使用为宜。可根据使用要求与人体数据略有不同，一般尺寸为座面高30cm～45cm，座面宽40cm～45cm；长度为单人椅60cm左右，双人椅120cm左右，3人椅180cm左右；靠背坐椅的靠背应高于座面38cm，且座面与靠背应呈微倾的曲线，靠背倾角为100°～110°；如果设计带扶手的坐椅，那么扶手应高于座面15cm～23cm；座面下应留有足够的空间，以便放腿和脚，坐椅的腿或支撑结构应比坐椅前部边缘凹进去至少7.5cm～15cm。

5）坐椅面层所用材料以木制材料较合适。

6）坐椅在空间环境中的布局形式及与人的关系（图5-17、图5-18）。

2. 坐席景观

城市空间中除了要安排基本坐椅外，还可以设置一些台阶、矮墙、基座之类的辅助坐椅。这种利用具有不同使用功能环境设施来供人坐下休憩、观看，我们可以称之为"坐席景观"。在城市空间中采用"坐席景观"，既可以改变由众多坐椅可能造成的萧条印象，又能使人们更加多样化地使用城市空间（图5-19、图5-20）。

5.1.5 游乐设施

1. 儿童游乐设施

孩子的游戏过程是一个成长的过程，孩子通过大脑来指挥和协调游戏的行动，反过来游戏也在刺激大脑的发展。好的儿童游乐设施设计，是要用这些游戏器械把儿童们联系在一起，交流、协作、体会群体的快乐。所以，设计儿童游戏设施应该是提供给孩子们更好地、更容易地相互交流的机会。

图 5-17　各种坐椅的布置形式

形　式	图　示	坐椅布局与人的关系
单体型		可用部分的自然物或人工物，如木墩、石柱等。这种形式的坐椅私密性较大，相互间干扰较小
直线型		基本的长椅形式，适合一群人使用，但对两端的人交流有所影响，使用者的主动距离约为 1.2m
转角型		这种形式适合双面交流，而不至于膝盖互碰，角度的变化适合人的互动关系
围绕型		适合于单独使用，不适合群体间的互动。当人多时，人与人就会有所碰触
群组型		这种形式可产生多种空间，适合不同人的活动需要，灵活多变，具有丰富的空间组织形态

图 5-18　布局形式及与人的关系

图 5-19　泽恩和布林事务所设计的辛辛那提滨河公园　｜图 5-20　丰富的景观形态成为人们户外活动的聚集点

（1）儿童游戏设施的典型形式

儿童游乐设施的主要类型有沙坑、滑梯、戏水池、秋千、攀登架、木马、跷跷板、游戏墙等及组合式（图 5-21、图 5-22）。

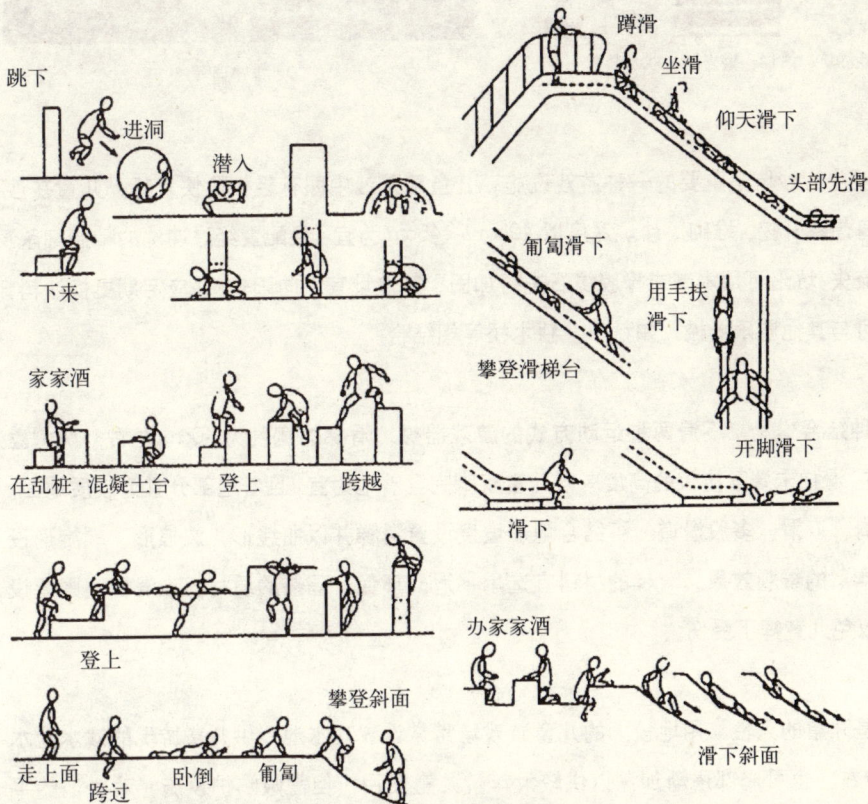

图 5-21　儿童游戏的基本动作图示《日本千叶大学教授福富久夫》

|图 5-22 儿童游戏沙坑、滑梯、攀岩墙、戏水装置

1）沙坑

在儿童游戏中，沙坑是重要的一种游戏设施。儿童踏入沙中即有轻松愉快之感。儿童在沙地上可凭借自身想象开挖、堆砌。沙坑深度以 40cm ～ 45cm 为宜，且配置经过冲洗的精制细杀，为了防止沙土流失，坑沿可用木制或橡胶缘石进行加固。其选址宜在向阳处，并应定期更换沙料，大一点的沙坑可与其他游乐器械，如秋千、独木桥等相结合。

2）滑梯

滑梯是一种结合攀登、下滑两种运动方式的游戏器械。滑梯的宽度为 40cm 左右，两侧立缘为 18cm 左右，滑梯末端承接板的高度应以儿童双脚完全着地为宜，且着地部分宜为软质地面。下滑时可有单滑、双滑、多股滑道，可结合地形坡度设置滑梯并以曲线形、波浪形、螺旋形设计造型，创造丰富的景观效果。滑梯的材料宜选用平滑、环保、隔热的质材。在滑梯周围要设置防护设施，以免儿童摔下受伤。

3）戏水池

与水亲近是儿童的天性，用地较大的儿童游戏场常常设置戏水池。供儿童游玩的戏水池水深约在 20cm 左右，也可局部逐渐加深以供较大年龄儿童使用，但需做防护设施。戏水池的平面形式可丰富多样，与伞亭、雕塑、休息凳等其他设施结合，水的形态可与喷泉结合设计，使水不断流动以减少污染。戏水池底应浅而易见，所用地面材料要做防滑处理。

4）游戏墙与迷宫

游戏墙与迷宫是可训练儿童辨别力的游戏设施，其造型丰富多样。设置高度在1.2m以下的各种形状、厚度的游戏墙，并在墙上设置不同形状、大小的孔洞，以供儿童钻爬、攀登，甚至可在上面涂鸦绘画。

迷宫是游戏墙的一种，可用绿篱植物等软质材料围合。另外利用混凝土的可塑性制作出各种迷宫形式的城堡、房屋、动物造型，设计出受儿童喜爱的迷宫形式。在设计时应注意避免锐角出现而伤及儿童。

5）攀登架

主要锻炼儿童的平衡能力。用木材或钢管组接而成，常用攀登架每段高0.5m～0.6m，由4～5段组成框架，总高约2.5m左右，攀登架可设计成梯子形、圆柱形或动物造型。

6）组合式

把不同类型的游戏器械组合，可以节省设备材料减少占地面积。有直线组合、十字组合、方形组合。由于组合复杂常由专业厂家制作，在形式、材料、色彩上非常具有吸引力，常用材料有玻璃钢、高强度塑料等。红黄蓝绿等明快色彩配置和积木式组合构成一个醒目的儿童化游戏设施形象。

(2) 设计要点

1）要设计好的儿童游戏环境关键是要掌握新时代儿童的心理特征和认知水平，要从儿童的角度去考虑，能够激发儿童自发地进行创造性游戏。

2）由于儿童游乐设施色彩突出、造型活泼、易于形成区域，所以儿童游乐设施要有专门的场地分区。儿童外出多有大人陪同，周边还需设置一定的休息设施，以供大人的看护之用。

3）地面铺装宜采用质地柔软、施工简单、色彩丰富艳丽的铺设材料，还可结合儿童心理加以图案点缀。

4）要考虑游乐设施的造型、结构、材料对儿童的安全，可多使用天然材料，给予儿童接触自然的机会。同时也要便于维护、修缮和管理。

2. 老年人健身设施

近年来，随着我国人口老龄化现象的逐渐显现。关爱老人、重视老人，特别是给老人建立一个有益、合理、安全的健身场所显得尤为重要（图5-23）。

(1) 老龄人活动区的设计方法

1）老龄人活动空间的选择

进行体育锻炼是老年人生活的主要方式，因此我们在选择老龄人活动区域时就要考虑到这

|图 5-23 老年人健身器材

一点。其位置最好选择在离居住区较近的地方，如步行道的交叉口、小区内等处，同时使老龄人有更多的机会与邻里、与外界社会接触与交流。此外，邮局、菜市场、商店、老龄公寓、文化中心等社交空间也是较理想的活动场所。

2）老龄人活动空间的设计

在老龄人活动空间中，一般分为动态活动区和静态活动区两部分。

在动态的活动空间中，主要提供各种运动场地或空地，为老龄人的运动、健身等活动提供基本保障。另外由于老人随着年龄的增加，记忆力、视力的减退，方向辨别感的降低，老人走路的平衡性会出现比较大的问题。其步行道应设置明显的导向标志，通过色彩、大小、形象的突出性和易辨别性，对老龄人减退的机能给予补偿。

在静态活动区中，休息空间的位置易选择在大树下、公共建筑的廊檐下、建筑物的出入口附近、小区内交通流线的交集处等，休息空间的设计要具有连续性，并提供遮阳或依靠的环境设施，以满足老龄人在室外活动之余的观望、晒太阳、聊天、下棋、弹唱等娱乐活动。在设计时，要注意动态空间与静态空间要保持一定的距离，以避免产生干扰。

（2）老龄人室外活动运动器械的设计要求

1）无障碍设计

老年人健身设施主要存在于社区居住场所内外，老年人健身设施除了设置一定的成人健身设备外，还要参照残疾人设施形式，进行无障碍设计。

2）易于识别性

老人随着年龄的增加，视力、记忆力、辨别力等都会逐年衰退，所以运动器械在设计时就要充分考虑到这种因素。运动器械使用说明要在器械旁边合理的位置用比较醒目的字体标出；同时还要注意放置使用说明的载体也要选取比较耐用的材质，以防日晒、雨淋后变模糊，影响老人的辨识。运动器械的开关、按钮都要用比较醒目的颜色标明等。

5.2 景观系统设施设计及在城市空间环境中的运用

5.2.1 建筑小品

1. 围墙

在城市空间环境中，人们为了追求方便、舒适和卫生的条件，同时也希望获得安全感，因此就必须考虑设置分隔、围合设施。围墙是限定空间的重要因素之一，是划分空间、隔断人流的重要手段，在使用功能上起到防卫、分隔的安全作用。随着空间功能的变化和设计理念的进步，围墙作为组成空间环境的设施，在设计中除了必须具备实用功能外，还应加入科技含量较高的现代材料和设备，更加注重其美化和装饰环境的功能，突出其在视觉上的艺术效果，对改善城市整体景观起到更大的作用（图5-24）。

(1) 主要分类

1) 围墙的形式很多，从分隔空间、阻挡视线的角度来归纳，主要分为封闭型、开放型、半开放型和景观墙体四种。

2) 从围墙的砌材来分，有混凝土墙、预制混凝土砌块墙、砖砌块围墙、花砖墙、石面墙、铁制围墙、木制围墙、竹制围墙等。

(2) 设计要点

1) 围墙必须具有一定的稳固性，影响稳固性的要素有砌体、高厚比、墙面接缝、地基沉降、水的侵蚀、墙体材料及组合方式等。如设置木制、竹制围墙要使用有耐久性和经过防腐处理的质材，铁制围墙要对材料进行防锈处理等。

2) 围墙既是空间环境设施，又是一种硬质景观。与花坛、花台、树丛、竹林、山石相结合可形成具有自然情趣的绿带，同雕塑、水景结合形成景观焦点。

3) 围墙的高度从地面升起30cm，就能划分出两个景观范围，但能保持视觉上的连续性；如果升高120cm时，则人的身体大半部分看不到，这种高度除了区分空间，还给人以某种心理上的安全感；到180cm时则空间的封闭感将达到最强，可起到完全分隔的效果。

图5-24 利用金属组成图案的景观围墙

4）室外装饰材料都可以运用到围墙设计中，选用的质材搭配和细节处理，往往产生不用的视觉感观和设计风格，体现出设计者的设计水平。

2．大门

（1）建筑大门的分类

在城市空间环境中，建筑大门是环境设施的重要组成部分，它们的内容丰富多彩，形式多种多样。

1）按照开启动力可分为自动大门和手动大门；

2）按照开启方式分为平开门、推拉门、提升门、升降门、折叠门等；

3）按照材料分为铁门、铸铁门、铝门、铸铝门、不锈钢门、木门等。

（2）建筑大门在空间环境中所起到的作用

1）建筑大门对内外空间起到衔接的作用，同时也赋予人们一种视觉和心理上的转换和引导。

2）不同空间环境的类型，其外部形态也具有不同的特征，建筑大门为不同空间环境的类型和性质提供一定的视觉信号，是环境景观的标志，起到增强识别性、领域性、归属感的重要作用，同时也表现了一种特定环境的时代文化、区域文化和民族文化相融的文化内涵。

3）作为一种独立的建筑形式应注意其设计上具有建筑感和标志感。作为环境设施的一部分在风格上应更注意与周围环境的统一协调（图5-25）。

（3）设计要点

1）大门的形象影响着整个环境的风格，大门的尺度应同时考虑到人体尺度和空间环境的尺度，符合具体的功能要求，做到视觉上的安全和平衡感。

图5-25　图形感较强的大门造型

2）建筑大门的规划、设计要结合所处的位置和所在区域的历史、社会、文化特征，注重在体量、造型、色彩、材料等方面反映区域特点，与环境和谐统一，充分发挥其对区域空间景观的活化作用。

3）建筑大门的设计要有独特的构思、新颖的创意，富有个性的标志化形象，使其成为空间环境的视觉中心。

4）在考虑大门的建筑形式的同时，也要对它的实用功能进行分析。如满足车辆行驶需求，精心设计门灯、门牌、邮箱等细节功能的位置和形式。对细部的重点设计，更能体现大门的风格特征和对人性化的关注。

3. 亭

现代城市环境中的亭，有别于传统园林中的亭子，因其采用现代材料制作、工期短、费用低，加之式样更加抽象化、色彩对比大胆、极富现代感，而成为建筑艺术小品。在实际空间环境设计中，常结合公共绿化设于居住社区、办公环境或路边等处，既可供人休憩，还在环境中起到点缀园景之用（图5-26）。其设计要点有：

1）亭一般有基座、亭柱、亭顶三部分组成。由于亭内会形成阴影，地面不宜种植草皮，同时为增加适用性，在内部需设置可供休息的栏椅等附设物。

图5-26 造型轻盈的景观亭

2）亭柱构造材料，有木材、砖石、竹竿、金属材料和混凝土等。亭柱是亭的承重构件，形式有方柱、圆柱、多角柱、空格柱等。设计时其尺度和亭的艺术造型相结合，外部装饰及色彩尽可利用当地自然材料。

3）亭顶有支撑结构和覆盖材料组成，由于亭子往往是被观赏的环境设施，亭顶处在视线之上，设计时应考虑支撑结构的造型、色彩等，进行艺术处理。

4）细部设计是体现亭的具体性格特征的重要手段，良好的比例、体量、色彩等是亭子设计成败的关键。

4. 棚、廊

棚、廊的功能是为了满足休息、娱乐、通行、分隔、联系空间的需要。在总体布局上，其位置无一定限制，水边、绿地、平台、墙边、门前都可设置。

棚的概念和形式比亭更大，其用途决定它的设计形式和位置（图5-27）；廊是为满足休息、游览、通行、分隔、联系空间而设置的空间设施（图5-28）。棚、廊均有临时型和永久型两种。

（1）棚的设计要点

1）棚根据其用途在尺度上可作相应的处理，以满足人的视线、心理需求及对采光和通风的要求。在一般的位置可作独立的小型建筑物使用，较大一些的棚，应纳入整体空间环境进行设计。

2）棚的材料多用现代材料，有金属、帆布等纺织品、索膜结构等，其构造形式与亭相似，均由柱和顶组成，由于其顶面积较大，应适当考虑排水要求。

（2）廊的设计要点

1）廊的设置位置比较灵活，主要以满足人们通行为原则，在室外空间中宜设在人们常接

图5-27 宛如展翅飞翔的飞鸟形遮阳篷

图5-28 造型简洁的原木休息廊

触到的地方，如水边、绿地、平台等地。

2）廊在空间环境中，有联系、分隔空间，平衡构图之用，其艺术功能往往大于实际功能，可作为整体环境的视觉中心。

3）廊也是有柱、顶组成，材料可分木材、金属板、砖石、混凝土、玻璃、复合材料等。

5. 架、柱

架、柱在城市空间环境中，同样也是起到满足人们休息、通行、限定、联系空间之用和美化、点缀环境之用。

架与棚廊的区别在于顶部的封闭程度，架具有顶但为透空，其装饰性更强，常常与攀延植物结合而成立体绿化，形成独特的空间性格。

柱脱离建筑实体，从承重构件中解脱出来，依所处空间的大小和性质，主要起到装饰和延续空间的作用，并体现一定的传统文脉。在现代城市空间环境中，还结合灯光、音响设备，来增加空间层次（图5-29）。

6. 步行桥

人车分离交通通常采用立体分离的立交桥形式、平面分离的护栏与地载抬高形式、时间分离的交通信号形式。本节主要讲述的是一种供人步行游览的步行桥，也称作园桥或景桥，起到联系交通、贯通空间之用。可分为横梁桥型、穹桥型、斜拉桥型和桁架型等（图5-30）。步行桥有三个设计要点：

1）在城市空间环境中，步行桥的观赏价值往往大于使用价值，在大水体中可起到分隔水域、丰富空间的作用。

2）步行桥的形式应与其所处环境的地形相结合。如在水面较小的池塘处设置低平小桥，使其贴水面而过，以便使人能亲和水体，并形成完整的水面空间；水面广阔平淡处，设置穹桥、

图 5-29 叶状的构架，增加了空间的趣味性

图 5-30 乌特勒支 VSB 公司绿篱花园内波浪形人行桥，成为整个环境的主题

斜拉桥等，使桥身空透并架于水面之上，产生倒影，形成空间渗透，增加层次感。

3）作为城市空间环境中的设施之一，步行桥在造型、色彩设计上可丰富明快、大胆变化。

7. 室内小品

室内小品的种类非常多，凡是具有美化、观赏价值的室内构筑物或陈设品，基本上都属于室内小品的范畴。

（1）室内小品的类型

从功能而言，室内小品可分为实用性和装饰性两大类。实用性室内小品包括室内楼梯、梁柱、家具、灯具、卫生洁具等；装饰性室内小品包括雕塑、绘画、绿化及经过设计的室内地面、墙面、顶面等室内空间景观要素。

（2）设计要点

1）满足整体环境观

室内小品设计，不管是实用功能还是视觉效果均需适应室内整体大环境，结合室内风格，确定小品的内容、格局、形态、色彩、材质和工艺。它既为室内环境所制约，同时又影响着它赖以存在的环境。

2）满足人的心理需求

室内小品除了一些实用性小品要兼顾使用方便的要求外，大部分的室内小品主要是满足人的视觉审美需求，因此要理解室内环境对人的心理变化的影响，从而考虑人的心理需求的空间范围。

3）具有一定的文化性与艺术性

用设计中的美学法则，即环境设计的一些规律，来指导和检验室内小品的尺度、质感、色彩等因素是否协调，并体现一定的文化与艺术内涵。

4）体现一定的民族性与地域性

解决现代形象和民族风格的矛盾，应运于现代的设计手段和审美原则，创造出既有民族风格又有现代感的室内小品形象，并使之符合当地的形象要求。

5.2.2　水景设施

"智者乐水，仁者乐山"，水代表着智慧，因为有了水，我们生活的环境才会充满活力。水是城市空间中最活跃的一个构成要素，水景设计已是城市环境中不可或缺的一部分。

水是生命之源，与人类的生活息息相关，水是人类赖以生存的最重要的物质之一。

自然界的水体有静态和动态两种形态。静态的水给人心理上宁静和舒坦之感；动态的水以其动势和声响，创造出一种热闹和引人入胜的环境气氛。不同形态的水，会给人产生不同的视感，配合特定空间环境进行组织设计，既可获得相得益彰的功效，又可创造特定的视觉主题。

在现代城市空间环境设计中，常以"水"为题材，创造出以水为主体或以水为中心的空间环境。水景与雕塑、绿化等设施相互构成的有机环境生态景观已成为城市文化的魅力体现，也充分表明了人们向往大自然，追求美好景观环境的情感（表5-2）。

构成水景的基本水流状态　　　　　　　　　　　　　　　表5-2

类型	特征	形态	特点
池水	水面开阔且基本是静态水体	点式	所占区域较小，水面平静
		面式	水面开阔且平静
		线式	细水流动的水面
流水	以线的形态流动的水景	溪流	蜿蜒曲折的潺潺流水
		渠流	规整有序的水流
		漫流	四处漫溢的水流
		漩流	绕同心圆作圆周流动的水流
落水	从高处跌落的动感水体	自然跌落	突然跌落呈自然形态的水流
		叠流	落差不大的跌落水流
		壁流	附着界面流下的水流
		孔流	自孔口或管嘴流出的水流
		水幕	自由下落且落差较大的水流
喷水	自下而上喷出的水体	喷泉	具有一定力度和形状的水流
		涌泉	自水下涌出的串串气泡或水花

（1）水体形态

水景设计应手法自然，以无形变有形，不断求新。水体形态造型手法有以下几种：盈，水满且而静；淋，水束密集而下；喷，水因压力而喷出；泻，水跃阶成瀑；雾，水压大因喷口细而成雾；漫，水因池满而溢流；流，水因重力而流动；滴，滴水落音成景；注，流水成柱注入水体；涌，涌泉而成滩景、池景（图5-31）。

图 5-31　各种水景形式

（2）设计注意点

1）确定水的用途。如观赏、嬉戏、养鱼等；

2）是否需要安装循环装置；

3）是否需要安装过滤装置；

4）是否需要配置照明；

5）是否需要借助动力；

6）管线、结构、防漏、防冻等措施的安排。

1. 池水

池水是水景设计中常用的组景方法，是城市空间普遍采用的静态水景形式，一般以水池的形式出现。根据规模的大小，可分为点式、面式和线式三种形式（图 5-32～图 5-34）。

图 5-32　自由、随意的庭院点式水　　图 5-33　轴线感较强的静态水面　　图 5-34　静态水的投影效果

1）点式水池：点式水池是指较小规模的池水面，由于所占区域较小，在整个环境中往往会成为空间的视觉焦点，起到点景的作用，并丰富、活跃环境气氛。

2）面式水池：面式水池是指规模较大的水域，常成为空间环境的视觉主体，在整个空间环境中能起控制周边环境景观的作用。根据所处环境的性质、空间形态、规模，其形式可灵活多变。面式水池在环境景观中应用极为广泛，其水面可与其他环境设施小品如汀步、曲桥、廊舫、亭榭等结合，可在水中形成倒影。同时池内配置山石、雕塑，种植水草、游鱼，来增添水池生机，成为观赏景观。设计时，在规则的几何形池岸边，可以在适当位置设置或嵌入体量大的自然整石，以消除岸边的生硬感。对不规则池面，可组成复杂的平面形式，或叠成立体水池，来强调水际线的变化。

3）线式水池：线式水池是指细长的水面，具有一定的方向感和深度感。为避免水面平坦而单调，可使水池深度有高差变化，并与石块、雕塑、植物等设施结合起来。

不管池水的形式如何，设计首先考虑其基本功能要求，如为戏水之用，要保证安全性，水深控制在 30cm 以下，在池底加以防滑处理，并配置相应的设施及器具。其次考虑水池的防渗、防冻及结构问题。如有池底设备的话，还需处理好池底的各种管线的进出、连接关系。

2. 流水

流水在现代空间环境中应用较为广泛，以线的形态构成流动的水景环境，常有溪流、渠流、漫流、漩流等形态。如采用自然的做法，可使区域景观得以连续，并软化整体环境，结合潺潺的流水声与波光激滟的水面，增强了空间的伸展感和节奏感（图 5-35）。

在城市空间环境中的流水，一般坡势应根据地势及排水条件而定，急流处为 3% 左右，缓流处为 0.5% ～ 1% 左右。设计时应先明确其功能，进行水底、堤岸、水量、流速的调整。对于行人有可能涉水的区域，其水深应在 30cm 以下，以防儿童溺水。

3. 落水

落水是利用水位高差，靠人工组织、机械传动或自然跌落，使水从高处跌落下来，形成水幕，产生动感，给人以视觉和听觉上的刺激。常作为室外环境空间布局视线焦点，一般有三种形式：自由落瀑布、叠落瀑布、滑落瀑布（图5-36）。

| 图5-35 拾级而下的景观流水 | 图5-36 落水与景观亭的结合，形成水幕，使人参与其中 |

1）自由落瀑布：不间断的从一个高度落到另一高度。其特性取决于水的流量、流速、高差以及瀑布边口的情况。

2）叠落瀑布：在瀑布的高低层中添加一些障碍物或平面，使瀑布产生短暂的停留和间隔的瀑布类型。叠落瀑布产生的光声效果，比一般瀑布更丰富多变，更引人注目。控制水的流量、叠落的高度和承水面，可以创造出许多趣味和丰富多彩的观赏效果。

3）滑落瀑布：水沿着一斜坡流下，类似于流水，差别在于较少的水滚动在较陡的斜坡上。滑落瀑布比自由落瀑布和叠落瀑布趋于平静和缓。

落水设计只是强调落水效果，设计中还应考虑与水池、喷泉等理水形式结合在一起。

4. 喷水

喷水包括喷泉和涌泉，以其独特的动感水体形态，广泛应用于城市广场、居住小区、公园、街道、室内庭院等空间环境中（图5-37）。

在城市空间环境中，喷泉主要以人工喷泉的形式出现，借用动力泵驱动水源向空中喷出，利用可调节的喷射高度和角度，结合灯光照明设计，以及电控音乐，声、色、形集一体，创造出不同的喷泉形态，成为环境中的视觉焦点。

喷泉因其垂直变化加上灯光的配合，一般作为设计组合中的视线焦点。依据其形态特征，可分为四类：单射流喷泉、喷雾式泉、充气泉、造型式泉。

涌泉是水体自地下向上漫溢，将水面激起层层细微的波纹。涌泉的形态和流量均不大，因而可以使环境更加清幽静谧，又不失单调。

5.2.3 绿化设施

绿化是各类植物构成景观空间的方法，是城市空间体现生命力的重要设施要素之一，是城市环境设施中不可或缺的一部分。进行绿化设施设计应了解各类植物具有的化学、物理等功效，熟悉各类植物的生态、观赏等特征。

1. 绿化的功能

（1）实用功能

在城市空间环境中，绿化具有特定的空间形态，可调整空间视觉，起到丰富视觉层次、营造特定氛围的作用；同时可设置成较强的动态结构特征，来分隔与组合空间，并引导人流动向（图5-38）。

（2）生态机能

绿化是有生命的个体，可以调节地区环境小气候、温度与湿度，净化空气和减低噪声、污染、辐射等，降低沙尘流失与阻挡风速，保持区域环境的生态平衡（图5-39）。

（3）景观功能

以一定密度规模的绿化设置，来组织或加强城市空间结构，调节城市立体空间的均衡与节奏，构筑安全舒适的环境，形成视觉遮蔽与拓展，创造景观生态主题气氛等（图5-40）。

2. 绿化设施的形式及设计要点

城市空间环境中，各类植物常借助于树池、花坛、种植器等设施来形成绿化景观。

（1）树池

常用于广场、人行道等硬质铺装环境中的

图5-37 喷泉、涌泉的夜景景观

图5-38 以对比鲜明、新颖独特的卵石方格铺地搭配盆栽花卉，形成屋顶小庭园

图5-39 通过形成林阴，来改善区域小气候

乔木栽植。树池设计首要考虑的是树木生长的要求，根据成年树的胸径确定其大小，同时满足树木的通风、透水的要求，并加以一些辅助设施来保护树木。如树池内放置卵石可以使树木与道路硬质铺装相融合，也可抬高池边与休息设施相结合（图5-41）。

（2）花坛

花坛是由草坪和花卉等组成一定的装饰图案的花池与有一定高度或立体的花台组成。是庭院、广场、街道、公园等地不可缺少的景观要素，对表现环境意象，渲染空间气氛起到很大的作用（图5-42）。

花坛的底部直接与地面相触，适宜植物生长，一般不需要设排水设施。为了避免人们的践踏，花台部分通常应高于地面40cm以上，底下设盲沟排水，材料采用混凝土、砖石、天然材料等与周边环境统一协调。可与坐椅、栏杆、灯具等其他环境设施组合，创造亲切、宁静的景观环境氛围。

花坛一般面积较大，为了突出轮廓变化，花坛中心部位应高于四周，坡度以5%～10%为宜。

（3）种植器

种植器是为绿化种植塑形的容器，有花盆、花钵等形式。具有搬运方便、适应性强、形态美观等特点，

图5-40 利用植物进行空间界定，创造景观主题气氛

图5-41 充分考虑到排水与景观照明的树池设计

图5-42 与铺装结合完美的花坛设计

可根据空间环境的要求进行有组织地布置，可形成一个丰富、连续的景观效果（图5-43）。

对种植器的设计应考虑到所栽植物的生长要求，容器的深度随植物效土层的厚度作变化。一般花草类30cm，灌木45cm～60cm，中木60cm～90cm，乔木90cm～150cm，盆内土壤需作特殊处理，盆底设泄水孔，形态以几何形及其组合为佳。

（4）草坪

草坪是经过人工修剪平整的密植矮小草地。一般用于环境景观的辅助性空地，供玩耍、游戏之用（图5-44）。

图5-43　汉白玉材质的"玉棕"种植器，反映着地方文化背景

图5-44　隆起的草坪

不同城市空间环境内的草坪，其设计的方式和侧重点均有所变化，为使草坪不至单调，应有至少3%的坡度。在开放性的公共区域，可与雕塑小品、公共设施、喷泉水景等组合，以创造功能多重的空间层次；在建筑周边的草坪，可根据空间的尺度、位置、地形、建筑物等构成要素的具体情况，采用不同标高和形式的组合处理，创造既与环境尺度协调统一，又满足空间内视觉的层次感和纵深感。

5.2.4　传播设施

1. 壁画

随着现代工艺技术和材料技术的发展，壁画在现代城市空间环境中具有举足轻重的作用，壁画的形式和材料也出现了日新月异的变化。现代壁画已经脱离了单纯的保护和装饰建筑物的作用，开始和建筑空间环境紧密结合，追求壁画的形式和建筑主体的有机结合。

现代壁画在材料上也不拘泥于原始的颜料，开始运用各种软质或硬质材料、灯光甚至多媒体效果来综合制作完成。现代壁画按绘制材料分可以分为丙烯画、油画、传统重彩壁画、湿壁画、漆画、版画、玻璃彩画、编织壁画、陶瓷壁画、马赛克镶嵌壁画、木质壁画、泡沫板雕、刻灰壁画、石膏浮雕、玻璃钢浮雕、铜浮雕、砖雕、综合材质壁画等。

壁画按其功能可分为装饰性壁画、纪念性壁画、娱乐性壁画、临时性壁画等。装饰性壁画是以特定的图形和建筑物结构有机结合，起到装饰建筑物、暗示建筑物使用功能、美化环境的作用；纪念性壁画是以纪念历史事件、政治文化、风俗、宗教、伟人等历史上出现的重要事件、人物为主题，在公共建筑中起到教育、宣传和弘扬时代精神之功能；娱乐性壁画是一种轻松的、抒情的、幽默的、想象力丰富的，在公共场所调节人们生活节奏的媒介，合理地考虑到环境的特点，创造生动、活泼、神奇有趣的环境气氛；临时性壁画是画在旧有的房屋面墙或新建的工地楼房墙壁上的大型广告画，起到临时的掩饰和装饰作用（图 5-45）。

图 5-45　墙面涂鸦

　　2. 道路广告

　　道路广告是一种专门设置在道路两侧，呈平面、立体造型，传达公共信息的立体形态广告设施。主要以宣传和推销商品为目的，通常制作成大幅画面安装在特制的框架上，并配以灯光照明。由于路牌广告具有色彩鲜艳、画面醒目逼真、立体感强、再现商品魅力等特点，易于被人们接受，所以深受路人的欢迎和广告主的青睐，在户外广告中被采用得较为普遍。

　　由于路牌广告已成为一种覆盖面很广的户外广告媒体，但许多城市的路牌广告由于没有统一设计管理，出现了许多破坏环境的例子。因此，对道路广告的设计与安放应有宏观的把握和定位。

　　3. 灯箱广告

　　灯箱广告主要是在夜间以展示店名、商品或信息的一种传播工具。它由灯具、箱体和画面三部分组成，灯箱广告大多设置在商店内外、街头或路边等地方。灯箱广告通过箱体内灯光照明，使箱面上的画面产生强烈的光彩效果，在夜晚幽暗之时，给夜晚增添了艳丽的色彩，美化了城市，也吸引过往行人的兴趣和注意力，同时还对行人夜间行走提供了方便。

灯箱广告按功能分可以分为招牌型、装饰型和广告型三类。招牌型灯箱以其具备较为理想效果，常被商场、酒店以及沿街店面广泛应用，成了绝大多数招牌的首选；装饰型灯箱是以喷绘、写真画面做成灯箱，用于商场的内部点缀装饰，无疑是豪华高档商场内部装饰的主要手段；广告型灯箱以灯箱形式发布广告，已迅速发展到超大型的路牌、候车亭等。

由于灯箱广告也大量存在于城市空间环境中，因此灯箱广告对环境的影响也是不容忽视的。在设置、设计灯箱广告时一定要充分考虑与周边环境的协调。同时，可在规划设计建筑物或景观时，考虑给商家留出合适的空间以配置灯箱广告。另外在设计、安装灯箱时一定要考虑到灯箱日后的安全、维护等因素（图5-46）。

4. 商业橱窗

商业橱窗是商店展示商品的一个重要形式，它不仅是商场推销商品的窗口，还是其建筑形体的装点。橱窗设计的要点主要是对商品的选择、组合、陈列以及道具、色彩、灯光等的安排。对城市而言，五颜六色的橱窗成了城市商业文化不可缺少的点缀。因此设计时在追求美观的同时，还要体现出强烈的商业气息，让人接受美的吸引后，对商品产生好感，从而产生购买欲望（图5-47）。

图5-46　压克力材质的餐饮招牌

图5-47　"场景化"的商业橱窗

5. 立体POP

POP广告是POINT OF PURCHASE的英文缩写，意为销售点或购物场所的广告。它是一种在销售点进行的、具有广告宣传特征的展示形式。在商业活动中，POP广告是一种非常活跃的促销形式，它与商品同置一个空间并紧密结合起来，可以直接影响到商品销售，所以被认为是促成买卖的广告（图5-48）。

POP 广告可以分为消费者可以从各个角度观看的悬挂式 POP；与商品紧密联系的柜台式 POP；具有装饰效果的墙壁 POP；有等人大或比人还要大的立地式 POP；具有节日气氛的吊旗式 POP；放置在橱窗内的展示 POP；还有动态 POP、光源 POP 等。

6. 活动性设施

活动性设施是指在节庆日期间，为了吸引顾客或者渲染喜庆氛围而在室内外搭建的临时性设施。街头悬挂的灯笼、建筑装饰的彩门、鲜艳的旗帜等都属于此系。近几年，随着节庆日的增多，使得各地的旅游、购物活动异常火爆。为了在追求喜庆氛围的同时，也要追求形式的新颖性以期更大限度的吸引顾客的眼球，其中比较重要的一种手段就是在商场建筑内外和购物环境中增添节日喜庆气氛的活动性展示设施（图5-49）。

图 5-48　卡通味十足的立体 POP

图 5-49　营造喜庆气氛而临时搭建的景观设施

5.2.5　景观雕塑

景观雕塑是城市环境景观设计的重要组成部分，许多优秀景观设计都很注重合理运用景观雕塑。景观雕塑能够充分运用其材质、肌理、造型、虚实空间和建筑环境共同构成一种表达一定含义的空间环境。

1. 景观雕塑设计要点

（1）景观雕塑的基座

景观雕塑的基座常见的有碑式、座式、平台式、自然式四种。基座是景观雕塑和环境连接的重要环节，一个好的基座设计可增加雕塑的艺术效果。碑式基座多用于纪念景观雕塑。我们在园林景观雕塑、居住景观雕塑中往往采用座式、平台式。其中座式、平台式基座与雕塑高度的比例分别约宜为 1：1 和 0.5：1。自然式没有或不显露其基座，在街头景观雕塑中相对出现的比较多，基座表面材料与雕塑的材料是否相同则可视情况而定。

（2）景观雕塑的设置

景观雕塑应与道路、绿化、水体、照明等因素结合布置，结合其体量、比例、尺度、形态、动势等因素，烘托环境氛围。因观赏景观雕塑需要一定的水平视野和垂直视角，所以需要考虑提供一定的合理观赏空间以利于得到好的视觉感受。

（3）景观雕塑的选材

景观雕塑在选材上根据其主题需要和所处空间环境的要求，运用合适的材质与色彩。常见的材料有大理石、汉白玉、玻璃钢、不锈钢、花岗岩、青铜、金属板、彩色水泥等。

不锈钢、青铜等其他金属材料，在施工时分为浇注成型的方法和金属板锻打成型的方法。大型金属雕塑往往采用外挂方法进行组合安装；玻璃钢，因其成型方便，坚固质轻、工艺简单，是目前市面采用较多材料之一。表面通过仿真材料模仿石头质感、金属质感及镜面材料，花岗岩、汉白玉等因其耐候性好，使用年限长是室外雕塑常用传统材料。总之，我们应该根据成本造价、表现主题、周围环境、气象条件、保存时间、施工条件等因素选取材料。

（4）景观雕塑的技术

景观雕塑的设计必然会涉及到一系列的工程技术问题，合理的工艺技术是景观雕塑得以实现的基础。适当运用新材料和新技术，创造出新颖的视觉效果，如借助现代机械、电气、光学效应、光影艺术以及音响技术，产生变化多端的新型景观雕塑。

2. 类型

景观雕塑一般分布在城市广场、公共建筑内外、园林、居住区、街道等处，与各种场所特性相融合，扮演着各种标志与象征的角色。按照其分布的地域不同，可将景观雕塑分为以下几类：

（1）广场景观雕塑

广场景观雕塑作为一个区域或城市的标志性构筑物，现在已越来越受到人们的重视。广场景观雕塑常常布置在行政、文化和商业区的密集中心，是人们在休闲、文化、集会时的依附设施之一。广场景观雕塑的内容，主要以城市标志性为表现形式，有的以表现体育形象为主、有的以展示现代社会风貌为主、有的则以弘扬历史文化为主等。

广场景观雕塑一般体量较大，保留的时间比较长，造价相对较高，因此在雕塑与景观的规划设计上要十分慎重。广场景观雕塑应具有丰富的内涵和较强的视觉冲击力，它既要与周边环境互为融合，并能起到引领广场视觉中心的效果，又要表现一定的主题意义。这就要求在规划设计时，对雕塑尺度、体量、色彩、材质的选择，还是采用群体或单体雕塑等方面均应周详策划，以符合具体场地的要求（图5-50）。

（2）建筑景观雕塑

建筑景观雕塑是指存在于公共建筑室内外，起到装饰建筑环境、树立建筑形象和提升文化内涵作用的雕塑作品。公共建筑包含的范围十分广泛，因此建筑景观雕塑的数量和形式也比较多，是现代城市建筑空间中不可缺少的景观要素。

在进行建筑景观雕塑设计时，不但要考虑雕塑在建筑空间的美观性，同时还要把建筑本身功能考虑进去，达到一定的指示识别作用。好的建筑景观雕塑能够通过材料、结构和造型的变化丰富建筑空间，同时借助有效的设计手法，使公众产生联想，在识别地区特殊属性的同时又深切体验到一种空间的情趣（图 5-51）。

| 图 5-50　上海浦东世纪广场的"日晷"雕塑

| 图 5-51　充满趣味性的石刻雕塑

(3) 园林景观雕塑

园林景观雕塑是指安放在各种形式的园林、公园与绿地中，起到点缀空间环境、营造人文气息的作用。构思新颖，形式多样的景观雕塑往往能传递信息，引起人们的思考和拓宽人们的知识面；形式生动，富有趣味性的景观雕塑，往往比较符合儿童的心理，并寓教于乐。

因此，在进行园林景观雕塑设计时应该把树木、花草、池塘、小径以及亭廊等多种要素巧妙的结合起来，形成新的景观环境。同样，公园也是休息的场所，所以雕塑设计应该从休息娱乐方面去处理题材，使人们在漫步公园时得到情感的陶冶和心理的愉悦。

近年来，我国有些城市相继推出了雕塑艺术主题公园，许多园林和公园中存在着大量的优秀园林景观雕塑，这些活动不但给主办城市留下了宝贵的艺术财富，而且对园林景观雕塑的普及和发展作出了相当大的贡献（图 5-52）。

(4) 居住景观雕塑

居住景观雕塑是在居民居住区内设置的雕塑作品。随着社会经济的发展和人们审美需求的提高，我国居住区空间环境的改善迅速提高，居住景观雕塑在许多地方也开始受到了重视。

居住区庭院是居民休息和活动的重要场所，居住景观雕塑要注意到满足人们的休闲放松心理，其主题和形式要力求柔和、亲切，应贴近人们的生活。因居住区庭院空间相对狭小，雕塑的体量、尺度设计上要与人的可视尺度相接近，避免过分让人仰视。

规划与设计居住景观雕塑时，要能够充分结合当地的传统与历史，尊重人文情趣，要使景观雕塑能够对提高居住区人们的审美能力起到一定的引导作用（图5-53）。

图5-52　大连市民广场绿化带上体现运动场景的景观雕塑

图5-53　杭州信义坊社区内再现生活场景的雕塑

（5）街头景观雕塑

街头景观雕塑是一种在街道上自由设立的雕塑形式。随着我国经济的发展和人们审美情趣的多样化，街头景观雕塑已是街道景观的重要组成部分，发展势头正趋成熟。如今，我国很多城市已非常重视景观雕塑的作用，如北京、上海、杭州的步行街，都放置了许多造型各异，大小与真人体量相近的街头雕塑。这些雕塑大部分都没有台座，它们很自然地安放在步行街上，这类仿真人的街头雕塑，让参观者感到十分亲切自然，许多游客都争着去和这些雕塑合影留念，已经成为一道亮丽的城市风景线。

街头景观雕塑的设计要符合交通功能，不能对交通视线产生阻挡，影响交通秩序。街头景观雕塑的造型、体量、色彩均要与街头环境相协调，街头景观雕塑因城市的不同街头环境和历史风情而风格各异，它们以写实的手法生动地再现了当时的人文背景，在题材上比较轻松，主要反映了当地的历史风情。不仅给城市街道增添了的情趣，还能勾起了人们的怀旧之情（图5-54）。

（6）水域景观雕塑

水域景观雕塑是指在水环境中放置的雕塑作品。在城市空间环境设计中，把水景与雕塑相结合，利用景观雕塑组织水域，创造出许多美丽的水景景观。在夜晚，如果水景与音乐、灯光、雕塑能够合理结合便可形成美丽的夜景景观（图5-55）。

图 5-54　香港星光大道渲染场景主题的景观雕塑

图 5-55　唯美水景雕塑

5.3　安全系统设施设计及在城市空间环境中的运用

5.3.1　管理设施

随着城市的发展，城市中作为管理功能的设施种类越来越多，为使这些管理设施有个较为系统的设计与管理，则要在城市、区域规划的初始阶段，考虑空间环境管理的各个环节。这些管理设施才能真正意义上成为城市的管理系统，具有一定的秩序与便利性，可随时处理突发事件，提供安全保障，才能满足人们的各方需求，从而体现城市的活力和魅力。

1. 消防栓及灭火器

消防栓是城市空间环境中主要的消防设施，设置于地面上的消防栓出于保护、使用和耐用等的考虑，多半采用金属材料，一般约 100m 间距设置一个，高度约为 75cm，以新的造型、色彩来体现其识别性，并融入城市空间环境中；埋设型的消防栓，通常使用金属材料，其盖面与地面铺设统一设计，或设置在建筑墙体内，使消防栓不至于影响道路及周边环境。

灭火器是常见的小型消防器材，常挂在墙壁上，为了让其与空间环境相融合，常采用明确的标识和配套设施，既容易被人发现、使用，又不显呆板（图 5-56）。

2. 管理亭

现代城市的高速发展，出现了大量的收费亭、管理亭等城市空间的景观小建筑。如住宅区内的岗亭、街道上的治安岗亭、交通停车处的收费亭、街道保洁亭等，这些管理用亭，必须具有该区域建筑与景观的特点，同时作为独立的管理设施，又要具有基本的功能特征和形象（图5-57）。

管理亭的设计要同场地规划、使用需求、使用目的等相统一，其大小规模根据使用人数而定，一般1人为$2m^2 \sim 3m^2$，如需设置其他配套设施，其面积可适当加大。

各类管理用亭作为独立的环境设施，其造型应与其他售货亭等建筑小品相区别，可通过形态、色彩显示各自不同的功能特点，并以明确的造型获得人们的视觉识别。

3. 井盖设施

随着城市的现代化进程，很多管道、线路等设施逐渐由地上转向地下。这样便出现了路面井盖，由于这些井盖由不同部门、单位各自自行安装，井盖的大小、材料、形态各不相同，配置又缺少秩序化，以至于道路地面显得杂乱无章。为使井盖设施能与地面其他设施相互协调，对井盖规格、造型的统一安排与设计，就显得格外的重要（图5-58）。

井盖作为安全设施系统的一部分，它的基本形状，一般为圆形、方形和格栅形，以铸铁为主要材料，也有与其他地面铺设材料统一的井盖，盖面的规格大小、图形纹样等的变化，会对广场、街道等城市公共空间的地面景观产生很大的影响。

5.3.2 标识性设施

在城市公共空间环境中，人们的行为活动一般表现为劳作、休息、交通、文化、娱乐、通信等方面，人们处于的空间环境有广场、建筑物、道路、绿化等场所。作为引导和保障人们行为安全的标识性安全导向设施，在城市公共空间环境中起着连接人与环境的重要媒介作用。在密集的人车流及紧张的工作、生活中，

图5-56 用醒目色彩标识的铁架保护消防栓

图5-57 高速公路的交通管理岗亭

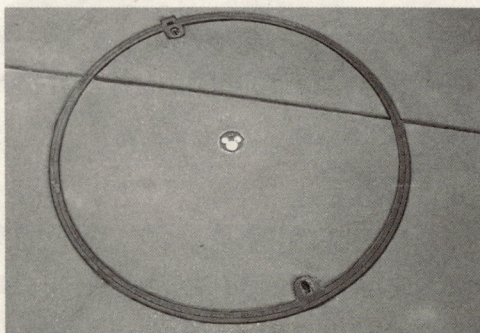
图5-58 香港迪斯尼乐园内路面井盖，上面镶嵌着米奇标志

可以有序地、安全地、高效地保障人们的安全。

标识性导向设施运用科学合理的技术与艺术手法，通过对实用性和效力性的研究，创造出满足人在空间环境中行为和心理需求的视觉识别系统。同时，标识性设施的设计客观、准确、规范，在一定程度上是法规、规则等内容的形象化表达，是现代社会管理的具体体现。

随着社会经济的飞速发展，人们对安全意识更为注重，以引导人的安全行动为目的与以警告人们注意危险为目的的标识性设施也在逐渐规范，其中道路交通标识是体现最为充分和直接的设施，它起着极为重要的指南和导向作用。交通标识主要有警告标识、禁令标识、指示标识等几种，它们以不同图形和颜色的搭配来区分（图5-59）。

图5-59　各类交通标识如警告标识的作用是警告车辆、行人注意危险，其形状为顶角向上的等边三角形，颜色为黄底、黑边、黑图案；禁令标识的作用禁止或限制车辆、行人的交通行为，其形状为圆形、八角形和顶角向下的等边三角形，颜色除个别标识外，均为白底、红圈、红杠、黑图案压杠；指示标识的作用是指示车辆、行人行进，其形状为圆形、长方形和正方形，颜色为蓝底、白图案

5.3.3　无障碍设施

无障碍设施系统是专为残疾人设计的设施。在建筑、广场、公园、街道等城市公共空间为各类残疾人提供方便，要求根据使用性质在规定范围内实施规定内容。

1. 公共交通的无障碍设计

（1）通行宽度及坡道的设置

地面防滑不绊脚，通过一辆轮椅的走道宽度不宜小于120cm，通过一辆轮椅和一个行人对行的走道净宽不宜小于150cm，通过两辆轮椅的走道净宽不宜小于180cm。两侧应在90cm高处设置扶手，转角处的阳角宜为圆弧墙或切角墙面，坡道的起点和终点应有深度不小于150cm的缓冲地带。坡道的起点和终点处的扶手，应水平延伸30cm以上。坡道侧面凌空时，在栏杆的下端宜设高度不小于5cm的安全挡台。每段坡道的高度和水平超过（表5-3）规定时，应在坡道中间设休息平台，休息平台的深度不宜小于120cm（图5-60）。

（2）楼梯与台阶

供拄杖者及视力残疾者使用的楼梯不宜采用弧形楼梯，楼梯的净宽不宜小于120cm，不宜

每段坡道的坡度、最大高度和水平长度   表 5-3

坡道坡度（高 / 长）	* 1/8	* 1/10	1/12
每段坡道允许高度（m）	0.35	0.60	0.75
每段坡道允许水平长度（m）	2.80	6.00	9.00

注：加 * 者只适用于受场地限制的改建、扩建的建筑物。

采用无踢面的踏步和突缘为直角的踏步，梯段两侧在 90cm 高处设置扶手且保持连贯，楼梯起点及终点处的扶手应水平延伸 30cm 以上；供拄杖者及视力残疾者使用的台阶超出三阶时，在台阶两侧应设扶手。坡道、走道、楼梯为残疾人设上下两层扶手时，上层扶手高度为 90cm，下层扶手高度为 65cm。对易出现事故的范围，采取相应的保护措施，紧急呼救有人处理（图 5-61）。

图 5-60 无障碍通道

（3）出入口

建筑物的出入口考虑残疾人使用时，适宜内外地面相平。如室内外有高差时，应采用坡道连接。在出入口的内外应留有不小于 150cm × 150cm 平坦的轮椅回转面积（图 5-62）。

（4）城市道路的人行道设置缘石坡道的要求

正面坡的坡度不得大于 1/12，两侧面坡的坡度不得大于 1/12，正面坡的宽度不得大于 120cm（表 5-4、表 5-5）。

图 5-61 无障碍通道

2. 公共卫生的无障碍设计

（1）公共厕所内应设残疾人厕位，厕所内应留有 150cm × 150cm 的轮椅回转面积。

（2）厕所应安装坐式大便器，与其他部分宜用隔断加以分隔。

（3）当厕所间隔的门向外开启时，间隔内的轮椅面积不应小于 120cm × 80cm。

图 5-62 无障碍通道

纵坡坡长限制 表5-4

坡度 I (%)	限制的纵坡长度 (m)
<2.5	不限制
2.5	250
3.0	150
3.5	100

无障碍设施的道路设计内容 表5-5

道路设施类别		执行本规范的设计内容	基本要求
非机动车车行道		通行纵坡、宽度	满足手摇三轮椅通过
人行道		通行纵坡、宽度、缘石坡道、立缘石、触感块材、限制悬挂的突出物	满足手摇三轮椅通过，挂拐杖通过，方便视力残疾者通行
人行天桥和人行地道	坡道式	纵剖面 扶手 地面防滑 触感块材	方便挂拐杖者、视力残疾者通过
	梯道式		
公园、广场、游览地		在规划的活动范围内，解决方便使用者通行	同非机动车道和人行道
主要商业街及人流极为频繁的道路交叉口		音响交通信号装置	方便视力残疾者通行

(4) 男厕所应设有残疾人小便器。在大便器、小便器临近的墙壁上，应安装能承受身体重量的安全抓杆。对所有用手操作的部位，均能使残疾人伸手可及，且操作简易方便。

(5) 公共厕所的门口应铺设残疾人通道或坡道等。

5.4　照明系统设施设计及在公共空间环境中的运用

5.4.1　概述

1. 照明投光形式

城市公共空间环境的照明以投光照明为主，常采用的投光照明形式有投光灯、聚光灯、泛光灯和探照灯等。

投光灯是以发射镜或玻璃透镜将光线聚集到有限的立体范围内而获得高强度光束的灯具形式，其范围在10°～180°，适合于街道、商业环境及广告设施的照明；聚光灯通常具有直径小于20cm的出光口并形成一般不大于20°发散角的集中光束的投光形式；泛光灯是投光照明中使用最多的灯具形式，其光束扩散角大于10°的广角，适合于城市空间各类场所的照明；探照灯是为搜索照明而使用的灯具形式，光束小于10°，近似于平行光，适合用于广场、高层建筑的装饰造型，能创造新奇的夜景景观效果。

2. 灯具的类型

城市空间环境的照明灯具是用来固定和保护光源，并调整光线的投射方向。设计中要考虑灯具的造型的同时还应考虑防触电性能、防水防尘性能、光学性能等。城市空间环境的照明灯具主要有柱杆式灯、广场塔灯、园林灯、草坪灯、水池灯、地灯、壁灯、彩灯、霓虹灯、串灯、节能射灯等（图 5-63）。

图 5-63　各类灯具

3. 各种灯具光源特征及运用

由于光照本身具有透射、反射、折射、散射等特性，同时具有方向感，所以在特定的空间能呈现多种多样的照明效果，如强与弱、明与暗、单调与层次丰富等等。

城市室外空间环境中常用电光源及特征（表 5-6）。

5.4.2　各种区域的照明

城市夜景照明是用灯光重塑城市景观的夜间形象，是一个城市的社会进步、经济发展和风貌特征的重要体现。人们已逐步认识到城市夜景照明是一项系统工程，它包括城市的建筑物、道路、街道、广场、公园、绿化及水体等城市其他附属设施。根据城市景观元素的地位、作用和特征等因素，从宏观上规定照明的艺术风格、照明水平、照明色调等，组织成一个完整的照明体系，作为城市夜景建设的依据。

1. 道路照明

照明良好的道路，不仅有利于交通效率的提高，而且可以减少交通事故，从而提高交通的

电光源种类及特征   表 5-6

电光源种类	特 征
一般照明用白炽灯	白炽灯是用通电的办法加热玻壳内的灯丝,导致灯丝产生热辐射而发光的灯源; 可做成便于使用的小型投光器,组成发光图案,用于装饰带照明、廊边照明、花坛的边沿照明。适合于作庭院投光暖色效果的投光照明,易于开关调光。但寿命短,维修麻烦
高压汞灯	高压汞灯是建立在高压汞蒸气放电基础上的,其寿命长,易于维修和选择; 用于投光照明,适用于广场、庭院的大面积照明,建筑物立面投光照明及对树木植物的投射配景照明,使树木、草坪等植物的颜色鲜艳夺目
高压钠灯	高压钠灯的光色是金黄色的,由于灯泡的发光体是半透明的,需对反光罩作特殊处理; 用于大面积照明,特别适用于褐色、红色或黄色系建筑物的暖色效果的投光照明
金属卤化物灯	是由金属蒸气与金属卤化物分解物的混合物的放电而发光的放电灯,这种灯除了须有镇流器和电容器以稳定工作外,还要有一个分离式触发器; 用于显色要求较高的聚光灯照明,适合照射有人的地方。没有低瓦数的灯,使用范围有限。常用于需要冷色效果的受光面上,不便调色和改变颜色
紧凑型荧光灯	将放电管弯曲或拼接成一定形状,以缩小放电管线形长度的荧光灯; 适用于装饰带、小图案的投光照明
冷阴极灯泡	其灯管可根据使用目的制成各式的形状,灯的光效虽低,但可重复形状、迅速点亮,且寿命较长,可实现多种动态照明; 适用于建筑物发光的轮廓、发光的装饰图案、动态照明
氙灯	氙灯是一个近似于太阳光的光谱,但其发光效率较低; 直管形高压氙灯用于大面积照明,亦可作屋檐照明灯,球形高压氙灯可用于聚光照明
紫外灯	用汞产生光线加上特殊的蓝黑玻璃滤色片或通过 WOOD 玻璃后得到。产生动感装饰照明效果
密封光束灯泡(PAR 灯)	适合于照射纪念物或艺术品的装饰投光照明,还可用于水下照明
霓虹灯	主要指利用惰性气体挥发放电的正柱区发光的管形放电灯。适合于商业街区的渲染气氛之用

安全性。同时,道路照明还要考虑光的高度与色彩、灯具的位置与造型等,即使在白天,灯具也会成为城市的装点要素(图 5-64)。

(1)城市道路照明的特点

根据我国相关规范要求,我国的城市道路有快速道、主干道、次干道、支路和各区域内的道路等。这些道路的情况各异,对照明要求也不同,设计时既要按照道路照明标准、规范的要求,又要把城市夜景照明总体规划协调一致,具体要掌握以下几点:

1)所用光源灯具的造型和色彩应体现该道路的特征。

2)设计时要使路面的亮度尽量均匀,并严格限制照明眩光,努力减少光污染和光干扰。

3)为满足人们对道路和谐气氛的追求,道路照明的灯光效应都要与周围的环境浑然一体。

4)做好道路夜景设施的维护和管理工作。

图 5-64 各类道路照明

(2) 光源的选择

城市道路照明灯具的配置包括直立式柱杆照明、悬臂式柱杆照明、装饰照明等。

国际照明委员会（CIE）的 TC 道路照明技术委员会的有关规定（表 5-7）。

各类悬臂柱杆灯照明的高、间距关系　　　　　　　　　　　　　　表 5-7

光具型	安装高度（H）	灯具间距（D）	道路宽度（W）
非截光型	H>W1.2 倍	D>H4 倍	W
半截光型	H>W1.2 倍	D>H3.5 倍	W
截光型	H ≥ W	D>H3 倍	W

(3) 照明方式

1) 灯杆照明

灯杆照明高度在 15m 以下，照明器安装在灯杆顶端，沿道路延伸按一定的间距有规律地布置灯杆，可以充分利用照明器的通光量，其视觉导向性好。灯具悬挑长度不宜超过安装高度的 1/4，灯具的仰角不宜超过 15°，这种照明方式适用于一般的城市道路。

2) 高杆照明

高杆照明通常是指多个照明器安装在高度大于 20m 的灯杆上，进行大面积的照明，其间距一般在 90m ～ 100m。

这种照明方式非常简洁，眩光少，由于高杆安装在车道外，有固定式和升降式两种，进行维护时不会影响交通。其缺点是投射到域外的光线多，导致利用率较低，较适用于复杂道路的枢纽点、高速公路的立体交叉等处。

3) 悬索照明

悬索照明是照明器挂悬在道路中央的隔离带上立杆间的钢索上，这种方式适用于有中央隔离带的道路。一般立杆的高度为 15m ～ 20m，立杆间距为 50m ～ 80m，照明器的安装间距一般为高度的 1 ～ 2 倍。

　　悬索照明的照明器配光是沿着道路横向扩张，眩光少，路面的亮度均匀度、视觉导向性好，湿路面与干路面相比，亮度变化不大，雾天形成的光幕效应也较少。这种照明较适用于潮湿多雾地区的快速道上。

　　4）栏杆照明

　　栏杆照明是指沿着道路走向，在两侧约1m高的地方安装照明器。由于照明器的安装高度很低，易受污染，维护费用高，照明距离小，有车辆通过时，在车辆的另一侧面会产生强烈的阴影。这种方式仅适用于居住区、商业区等车道较窄处，同时需注意对眩光的控制。

　　2. 商业街照明

　　现代都市中的商业街主要是满足市民的购物、休闲、娱乐、交往等活动的场所，是城市中最具活力的公共空间环境之一，基本构成由车行道和步行道组成，其照明要求除满足部分机动车以外，更应重点考虑非机动车和行人夜晚出行和行动的便利性（图5-65）。

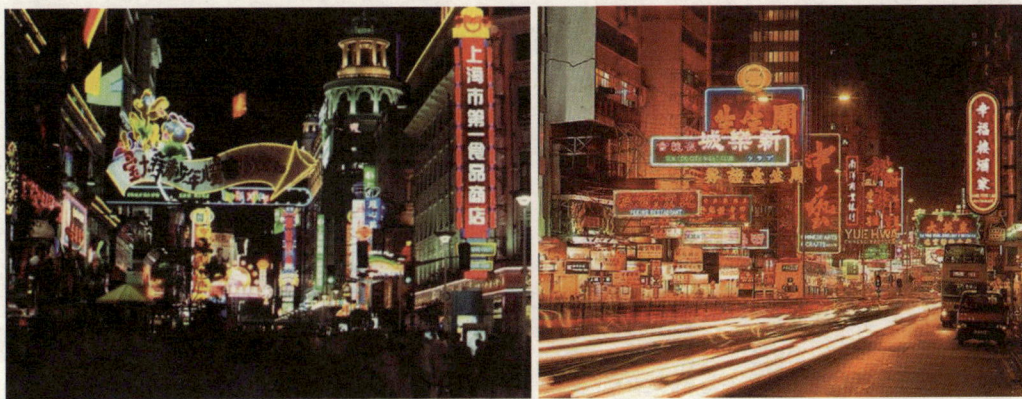

图5-65　商业街照明

　　商业街的照明随着社会经济的发展，不断地得到了创新。夜景照明一定程度上成为城市空间环境中各种信息的有力载体，使得现代都市街道照明景观极其丰富多彩。

　　（1）照明特点

　　1）商业街的人流密度大，需要有明度、照度较高的灯光照明。

　　2）商业街由于具有很浓的商业氛围，照明形式则应更为多样化。

　　3）商业街照明设施的布置高低错落、动静结合，且融声光电为一体。

　　4）商业街照明灯具的装饰性要强。

　　（2）设计要求

　　1）应做好整条街照明的总体规划，首先突出照明重点和层次。一般商业街道两侧的灯饰可分三层，高层布置大型灯饰广告，用大型霓虹灯、灯箱和泛光照明形成主夜景；中层用各具特色的标牌灯光、灯箱广告或霓虹灯形成中层夜景；底层用小型灯饰和显目的橱窗照明形成光的"基座"。再用变色、变光、动静结合的办法，把路面上的路灯融为一体，创造一个有机的照明整体，让人耳目一新。

2）布灯的方向最好是垂直于行人视线，以保证足够的光线。

3）针对街道入口的构筑物，如牌坊或街道小品及绿化等需进行单独照明设计，以塑造节点照明氛围。

4）对于不同性质的商业街，应针对其具体特点，进行照明环境设计。如以动为主的商业、娱乐性步行街；以静为主的休憩性的滨水步行道等，都应有不同的照明特色。同时，商业街的照明环境，应充分考虑行人的要素，注意结合人体尺度。

（3）设计原则

1）照明环境从整体到细节均应注重结合具体街道状况及两侧的建筑特点，形成各种不同风格的街道灯光环境。

2）商业街照明环境的意义除满足人们的基本使用需求外，还在于激发街道上更多的活动形式，促进形成浓厚的街道生活环境。

3）塑造一个欢快的、有趣味的夜景景观，以吸引更多的人群。

3．庭院照明

（1）设计所要考虑的因素（表5-8）

庭院照明设计所要考虑的因素 表5-8

设计考虑的因素	软质景观	特征	植物的总体形状、高度、宽度、种类等
			叶子的特征（形状、色彩、密度、纹理等）
			枝干形式（闭合、开张、向上、向下）
			植物生长速度、季节变化
			生长的空间位置
		特点	所处环境的地形地貌
			植物的种类
			种植形式
			空间环境中的位置
			与硬质景观的关系
	硬质景观	特征	材质（种类、色彩、肌理、质感）
			形态（大小、高低等）
		特点	所处环境的地形地貌
			风格、特征
			空间环境中的位置
			个体与群体
			与软质景观的关系

(2）设计要点

1）一般庭院的面积范围较小，有着安宁、幽静的特点，其照明方式应与之相匹配，常以安全为主的视线照明，一般自上方投射为宜，为避免眩光往往采取间接照明方式的汞灯照明器，或小功率高显色高压钠灯、金属卤化物灯、高压汞灯和白炽灯等。

2）当沿街道或庭院小路配置照明时，应有诱导性的排列，如采用同侧布置灯位，庭院灯的高度可按其道路宽度的0.6（单侧布置灯位时）至1.2倍（双侧对称布置灯位时）选取，但不宜高于3.5m。庭院草坪灯的间距宜为3.5～5倍草坪灯的安装高度。

3）园林装饰照明是由灯光的亮度和冷暖对比而形成的艺术效果。照明器要与建筑、雕塑、树木等相和谐，使庭院显得幽静舒适（图5-66）。

图5-66 庭院照明

4. 广场照明

城市广场是城市空间环境中最具公共性、最富艺术魅力，也最能反映现代城市文明的开放空间。现代城市的广场形式越来越多，其文化内涵越来越受到人们的关注与重视。按城市广场的性质和用途可分为：交通广场、纪念广场、市民广场和商业广场等。

照明作为广场不可忽视的环境要素，应以各种照明形式互相配合，根据环境特质、空间结构、地形地貌、环境设施的尺度质感等要素，以多样化的局部照明形成整体性的照明效果（图5-67）。

（1）广场照明要求

为使城市广场既有充足的光照，又有丰富多彩的照明结构层次，广场照明多以高、中、低柱杆式照明和地灯照明相互配合，根据不同性质的广场需要进行组织不同的光环境。具体应有以下几个层次：

1）基本照明

能基本照亮广场内的环境设施，满足人们的基本活动，起到安全照明作用。

2）照明的艺术化

在满足基本照明的同时，还需注重灯具本身的造型、投射的方式及手法，突出灯光艺术效果，

图 5-67 各类广场照明

给人以美的享受。

3）灯光环境艺术

从总体到细部都经过精心灯光设计，并结合广场实际情况进行创新，有重点、有层次、有过渡地突出主题，在满足使用功能的前提下给人极大的精神享受，形成完美的广场夜间灯光环境。

（2）各类性质的广场照明

1）交通广场

城市交通广场由于交通流量大，对照明的亮度和照度的要求相当高，在车辆使用效率高的地方，要使用显色性好的光源。如火车站中央广场因为旅客流动量大，其照明设施宜设置在广场中心的周围，以确保足够的照度。

交通广场的照明应以功能性照明为主，其照度应大于快速路的照明水平，根据各地设计较好的交通广场的照度，一般都在 100Lx 左右。为了限制眩光的产生，应提高灯杆的高度，最好采用中心设置圆盘或圆球中高杆灯的方式，也可采用四周设置投射型中高杆灯方式。

2）纪念广场

一般来说，纪念广场的照明设计要根据其空间特质进行组织，广场照明应着重考虑造型立体感、限制眩光、灯具灯型的视觉效果和色温、显色性等照明要素。

纪念广场的照明应有层次感，除重点构筑物要稍亮一些，其他地方的照度可控制在 10Lx 以内。如对广场上的绿化、雕塑，可采用彩色金属卤化灯来投射装饰；对广场上的纪念碑、纪念塔和有纪念意义的雕塑，则适宜采用日光色卤灯和高压钠灯来作装饰照明，以显其庄重之感觉。

3）市民广场

市民广场的照明要适合于人们的生理要求、安全要求和交往要求。要使进入广场的人们感到轻松、舒适、随意，并能做到避免不舒适眩光。要满足视觉方位的亮度，对广场的标识、指示牌的照度可略提高，帮助不熟悉周围环境的人确定方向。从安全和交往的角度出发，须保证在 10m 左右的范围内能识别他人面部或特征。

4）商业广场

商业广场的照明设施设计与商业街的照明设施设计基本相同。

5. 配景照明

配景照明是渲染夜间景物景色气氛的照明方式。配景照明主要包括树木和花卉等植物的照明、景观雕塑照明、水景照明以及一些临时性的营造景观照明等。

（1）树木、花卉等植物的照明

植物的照明方式要适应植物的姿态、叶色等，以重点突出植物的艺术形式美。

树木照明是根据树木的几何形状来布灯，必须与树的形体相适应。如灯光向下照射时，可在地上产生树影斑驳的效果。灯具装在树木的底部向上投射，可以获得虚无缥缈的感觉。不同角度的分层次照明，可以造成深度感等。

地面上的花坛都是从上往下看的，一般使用蘑菇状的照明器。此类照明器距离地面的高度约为 0.5m ～ 1m，光线只向下照射，可设置在花坛的中央或侧面，其高度取决于花的高度。由于花的颜色很多，所用的光源应有很好的显色性。

（2）景观雕塑的照明

景观雕塑照明是通过照明对作品的再次艺术加工，雕塑的夜景照明应根据雕塑的性质与特征而有所区别，如对于纪念性景观雕塑，应尽可能以原形象为基准，光线宜柔和、平实；对抽象雕塑或追求前卫风格的装置，照明手法可更自由，可使用夸张的投射光色（图 5-68）。

一般来讲，景观雕塑的照明投光方向应与雕塑的正面保持一定角度，才能形成适当的立体感，通常采用左前、右前两个方向的投光方式，并保持一个为主光，另一个为辅助光。如果雕塑下面有一底座，照明器应尽量远一些，底座的边缘不要在雕塑的下侧形成阴影；如果雕塑位于人们行走的地方，照明器可固定在路灯杆上或装在附近建筑物上，必须考虑到对行人的视觉不要形成刺目的眩光。

同时景观雕塑的材质对照明效果有很大的影响，每种材料都有其特定的反射光特性，所以需根据不同的材料，选定合适的光源。如青铜质材的雕塑宜用高压汞灯进行照明，会取得良好的效果等。

（3）水景照明

水是无色透明的，由于光在水中有折射、反射、散射等方式，水景的投光照明器常使用红、蓝、绿、黄等滤色玻璃片形成彩色光源，利用色片的不同透射系数，使光束变化各异，来营造新型的水景景观（图 5-69）。

图 5-68 各类广场照明

图 5-69 水景照明

　　用于水景照明的照明器可分为简易型和密闭型两种。其需采用具有抗腐蚀作用和耐水结构，还要求照明器具有一定的抗机械冲击的能力。

　　静止的水面或缓慢的流水能倒影出岸边的物体。如果水面稍微有些波动，即可采用掠射光照射水面，获得水波涟漪、闪闪发光的感觉。照明器可安装在岸边固定的物体上，如岸上无法照明时，可用浸在水下的投光照明器来照明。如是喷泉、瀑布、水幕等的动态水景，其照明器应装在水流下落处的底部，光源的通光量输出取决于落水落下的高度和水幕的厚度等因素，也与水流出口的形状造成的水幕散开程度有关。踏步式水幕的水流慢且落差小，需在每个踏步处设置管状的灯。照明器投射光的方向可以是水平的也可以垂直向上。

　　6. 建筑装饰照明

　　城市空间的标志性建筑或古建筑常常是城市夜景装饰照明的重点，这对树立城市夜间形象、宣传和提高城市知名度、美誉度等均有着十分显著的作用（图 5-70）。

　　在规划设计建筑物的夜景照明时，要分析它的性质、特征和周围的环境状况。为了创造远近观都满意的照明效果，可以用泛光灯、轮廓灯或内透光灯来表现整个建筑物的形态特征，配以特色灯光照明突出其特点。

　　对于高大的建筑物，可采用分层布光的泛光照明表现建筑外观造型。同时建筑物凸出凹进部分，可根据具体情况用局部照明来加强或减弱阴影，提高立体感，使造型更加丰富生动。并可使用现代照明的调光、调色手段，创造与建筑本身协调的色调，从而达到布光层次鲜明的艺术效果。

　　(1) 建筑装饰照明的处理原则

　　1) 综合考虑灯具的投光特性，墙面的造型、材料质感、装饰色彩等多种因素的影响。

|图 5-70　各类建筑装饰照明

2）把装饰照明形式和建筑使用要求有机地结合起来。

3）灯光使用应对整个环境照明和重点对象照明有所分工。考虑白天和晚上不同的艺术效果。尤其是在白天，灯具也是建筑装饰的一部分，应考虑如何与其他装饰有机地联系起来。

4）传统的灯具艺术形式应与现代照明技术、艺术条件相适应。

（2）建筑装饰照明的主要类型

1）投光照明

投光照明是用投光灯以不同的角度直接投射建筑物的立面，重塑建筑物的夜间景观形象。

2）轮廓灯照明

主要表现建筑物的轮廓和主要线条，常采用点光源以一定距离连续安装形成光带或用霓虹灯、串灯、导光管等线性灯具来勾画建筑物的轮廓线。

3）内透光装饰艺术照明

将光源隐藏在建筑构件中，并和顶棚、墙、梁、柱等建筑构件合成一体的照明形式，这种以间接光源的形式出现的照明方式的光线扩散性很好，可使整个空间照度十分均匀，阴影淡薄，甚至没有阴影，能消除了直接眩光，并大大减弱了反射眩光。

（3）建筑立面照明

研究建筑立面照明方案，应首先掌握建筑物的立面特点，掌握不同位置落光时的理想角度，设计时可根据资料分析、模型试验或已有建筑物的观察，以及背景的对比和光色的陪衬作用等，这样才能作出最好的方案。

建筑立面照明的设计要点：

1）照明面的确定。建筑物照明究竟从哪个面照射为好，一般应以观看的几率高的墙面为照明面。

2）照度的选择。照度大小应按照建筑物墙壁材料的反射比和周围亮度条件来决定，相同的照度照射到不同反射比的壁面上所产生的亮度也不同。为了形成某一亮度对比，在设计时还需对周围环境情况综合考虑。如壁面清洁度不高，污垢多，则需适当提高照度，如周围背景较暗，则只需较少的光就能使建筑物亮度超过背景，如与被照物临近的建筑物室内灯光晚上是开亮的，则需有较多的光投射到被照建筑物上，否则就无法突出效果。

3）在进行建筑立面照明时，要充分利用建筑物的各种特点，或周围环境特点，如树木、篱笆、围墙、水池、人工湖等，创造良好的艺术气氛。

第6章 | 课程实践——环境设施设计构思与展开

6.1 课程解读

6.1.1 背景

环境设施作为城市景观系统的构成要素之一，是构建城市文化特色的重要组成部分，是提升现代城市文明程度和城市整体环境质量的手段。同时，它并非是一个独立的子系统，需借助城市空间这个信息交流的平台，与其他环境要素相互联系、相互影响，共同构成丰富多样的城市景观系统。环境设施如果不能与其中的城市文脉背景相协调，就会使体验者产生一种游离的状态，环境与人之间无法形成良好的交流，环境设施与城市景观无法共生共存。反之，人们在接触使用这些设施的过程中可以去感知历史、感知文化，可以探寻这个环境甚至整个城市的历史文脉。

所以在环境设施课程的设计实践部分，需要强调的就是学生对环境设施所处环境的场所文化的渲染以及设计元素的提取和表达，通过对设施造型元素的拓展与锤炼，对设计语言的解读与表现，挖掘环境设施空间本身的潜力，形成最简洁的"图形"语言，来挖掘和表达空间形态的场所感、层次感和丰富感。

6.1.2 教学大纲

《环境设施设计》教学大纲

课程名称	环境设施设计
课程总学时	64 学时（其中讲课：24 学时，实践：40 学时）
先修课程	设计基础、设计表现、人机工程学
面对对象	工业设计、环境艺术设计

课程教学目标	《环境设施设计》课程是工业设计和环境艺术设计专业的交叉课程。本课程主要是研究和设计在不同空间条件和人文环境下的城市家具、城市元素、硬质和软质的小型景观元素等环境设施，其理论和方法是研究和学习环境艺术设计的基础。 开设本课程旨在通过理论教学与课题实践训练，使学生了解环境设施的发展与类型，理解环境设施设计的一般方法、原理、思维规律，掌握景观设施与环境、使用者之间的协调关系，以及较好的空间分析能力、鉴赏能力和设计能力，还有提出问题的能力和解决问题的能力。为以后的环境艺术设计专业课程的深入学习打下良好基础。

		知识单元1： 环境设施设计概述 （4学时）	学习目标： 1. 论述城市空间、景观设计、环境设施之间的关系，使学生建立大环境的艺术设计观。 2. 介绍环境设施的概念、特征及在城市景观中的意义。 3. 通过对中外环境设施设计的比较，明确环境设施设计的发展方向与趋势。
课程教学内容与学习目标	理论教学 （24学时）	知识单元2： 环境设施设计原理与方法 （8学时）	学习目标： 1. 系统介绍环境设施的类型及特征。 2. 系统介绍环境设施设计的原理与方法，使学生掌握设计文法、材料技术、设计流程等。 3. 明确各类环境设施在城市空间中的运用。重点阐述景观设施在城市空间中的设计与运用。
		知识单元3： 环境设施的设计与展开 （12学时）	学习目标： 1. 通过设计任务的确定，使学生明确市场调研的目标、手段、内容。与受众的接触及相关案例的整理学习，形成科学的图表分析。 2. 通过对相关环境设施（地形、水体、植被等景观要素；城市家具等）的解析定位，将环境设施的风格、造型、色彩、肌理、结构等构想具体化、明确化。 3. 通过对设计元素的反复锤炼与拓展，对设计的视觉化图解，使学生能主动提取和吸收社会文化元素，注重环境设施设计的文化因素。 4. 以"小组——研究小组——设计团队"模式组织"团队化"、"学案教学"，实现师生互动，使学生认识到小组个体的独立性与小组整体的合作重要性。
	实践教学 （40学时）	实验内容1： 市场调研 （12学时）	1. 问卷设计、发放、收集、整理，形成图表分析。 2. 文献综述、资料查询和研讨。 3. 实地拍摄、取样、分析，形成文本发布。
		实验内容2： 头脑风暴与设计分析 （12学时）	1. 综合多种要素，进行目标合理定位——"5W2H"原则。 2. 基于功能层面、技术层面、文化层面的创新途径研究。 3. 头脑风暴，目的是要团队成员把自己的想法说出来，然后快速排除那些不可能成功的概念，但在不预作判断的前提下鼓励大胆创意。 4. 相关案例学习、总结，撰写设计日志。
		实验内容3： 主题环境设施设计与展开 （16学时）	1. 设计元素的锤炼与拓展。进行形式导入、元素解读、发现元素、元素锤炼、元素形式拓展、元素设计拓展等程序，推敲环境设施的形式。 2. 利用人机工学、环境行为学原理，分析人们交往活动中的行为需求，分析人与环境设施、环境三者之间的关系。 3. 通过各类视觉化的图解、草模推敲、细模表现、图版表现、发表设计成果。

续表

说明	课程教学重点与难点	该课程强调产品和环境（包括使用环境和人文环境）的重要关系，要求学生深入生活，研究环境和设施之间的关系，掌握环境设施设计的设计过程与思考方法。需要学生注重环境设施设计的文化因素，通过分析人们交往活动中的需求，提取和吸收社会文化元素，学习从人们交往需求的基础上设计环境设施产品，找到环境设施设计的突破点，对市场、信息能作详细地调研分析，具备独立思考的能力。 教学重点：体察调研及成果分析；环境设施与环境的整体处理；头脑风暴。 难点：设计元素的提取及运用，环境场所文化的阐述；人与环境设施（产品）、环境三者之间的统一；小组个体的独立性与小组整体的合作重要性。
	课程的教学方法与手段	教学方法：实施学案教学，以学案为载体，学生依据学案在老师指导下进行自主学习研究。通过系统讲授、市场调研发布、学生讨论互评、作品讲评等相结合，最大限度地体现师生"互动—研究"。 教学手段：基础理论课辅以多媒体，设计案例分析、文献综述与小论文写作辅导；实践课以模型、快题训练结合实际或虚拟（鼓励以专业设计比赛为切入点）设计实战为核心组织课题研究，以"小组——研究小组——设计团队"模式组织"团队化"、"学案教学"，实现师生互动。
	实践教学环境	本课程头脑风暴与资料收集使用图书馆阅览室，市场调研采用田野作业法进行户外操作，模型推敲使用模型室，后期制作使用机房或个人电脑，利用课外时间完成。
	课程考核方法与要求	按规定的要求独立完成作品，以规范性和成品效果及日常发表综合评分。 市场调研和日常发表占总成绩60%（以各项练习完成的规范和效果评分）。 实际课题成绩占总成绩40%（以设计规范，作品效果评分）。
	参考书	[1][丹麦]扬·盖尔著．何人口译．交往与空间（第四版）．中国建筑工业出版社，2002。 [2][美]约翰·西蒙兹著，俞孔坚、王志芳，孙鹏译．景观设计学．中国建筑工业出版社，2000。

图 6-1　《环境设施设计》教学大纲

6.1.3　课程实践要求

学生自主选择某一个公共空间为设计目标环境，以小组为单位设计出一套有系列感的环境设施，要求整套设施除了有独到的空间形态设计，还需有明确的设计元素语言表达，同时，还能很好地渲染出该环境的特定场所氛围。

作业完成稿要求有：

①详细的市场调研及整理分析，有明确的市场定位及设计切入点；

②不断优化的阶段性草图方案；

③最终方案有三维效果图、尺寸图及详细的设计说明；

④作业以PPT形式上交完整设计报告一份，清楚表明产品的设计概念、设计元素、使用状态。

6.2 寻找问题——关于"角色"与"角度"

设计展开的第一个步骤就是寻找问题并提出问题，在这一个阶段，设计者需要通过大量的资料收集、体察调研、汇总分析等工作对目标环境进行详细的前期考察分析，找寻现阶段存在的问题，并将之明确化，提出各种设计的可能性方向。

6.2.1 资料收集

在确定了具体环境设计对象后，首先要做的就是对这个环境作信息采集和资料收集，资料可以是图片，也可以是文字、影像、图形、图表、数据等其他形式。信息内容包括环境的历史背景、容貌特色、人文情况、在城市中的定位，以及人们对它的期望（不仅指人们的视觉审美特性，也指其行为特性、心理特性。）。

所有这些资料收集采纳的目的就在于使设计者对目标环境能先期形成一个初步的概念，方便其在后面的实地调研中有准确地判断和解读。

例如，本次课程有同学选择作"杭州河坊街的环境设施设计"，那么针对河坊街，他们首先需要了解的就有这么几大块内容：

● 关于杭州

杭州的文化底蕴深厚，是个地域个性鲜明的历史文化名城。西湖湖光潋滟，温柔多情，古典而含蓄，在西湖陪衬下的杭州同时又是时尚的国际化都市。所以，我们可以认为，杭州是一个古典与时尚并存、柔情与含蓄并序的城市，这就是河坊街所处大环境的特性，对河坊街设施的建设不能脱离这个大环境的定位。

● 关于河坊街

河坊街位于吴山广场旁侧，定位为步行街。生态环境优越、交通极为便利，又是作为国家四星级旅游风景区，故人口流量非常大。改建后的河坊街体现了清末民初风貌，街上老字号、杭州各类特色店铺约有一百余家，重在突出文化价值，营造以商业、药业、建筑等为主体的市井文化，保持其历史的真实性、文化的延续性和风貌的整体性。

故，河坊街的特性关键词为：老字号、清末民初、历史文化、商业、药业、饮食、步行街。

● 人们对河坊街的期望

游人选择河坊街的理由是街道年代久远，有深厚的历史文化底蕴，在街中穿梭可以感受当年南宋的文化中心和经贸中心的繁华风貌，同时商品种类丰富，有显著的地域特色，街道交通便利，与杭州各大景点和购物街基本相连，人们希望河坊街是一个集文化、商业与休闲为一体的步行区。

6.2.2 体察调研

应该说对实地进行体察调研也是资料收集的一种方式，但是在常规的设计程序中，常常会把它作为资料收集后的第二步工作来处理，因为实地体察调研是一个更直观也更主观的考察方式，设计者在掌握了初步的环境信息后再进行实地勘察，调研的目标性、针对性才会更强，更能有的放矢带着问题去看所有的设施设计情况。

主要的调研方式有：

（1）设计者到现场观察、使用、体验，并对现场环境进行拍摄、记录，并同时站在使用者的角度设身处地的感受各类环境设施，评判已有同类设施的优劣；

（2）掌握环境的基地现状、环境特点、环境规模；

（3）掌握不同环境设施的功能需求、材质需求；

（4）了解该环境所处区域的文化特征，包括风俗、人群性别与年龄构成、人群心理与生理的需求、人群的行为模式等；

（5）直接和使用者对话，设计问卷，了解使用者对环境设施的要求；

（6）观察"行为痕迹"，一是以"磨损度"为线索，以某种物质的磨损程度为我们提供判断依据；二是以"积厚度"为线索，即观察积留物，判断这里的使用情况。

例如，同学针对河坊街环境设施作了详细地现场实地调查，观察、体会并记录了现有的卫生设施、信息设施、休息设施、照明设施以及安全设施的使用情况，拍摄了大量的现场实物照片（图6-2、图6-3）。

图6-2 实地现状

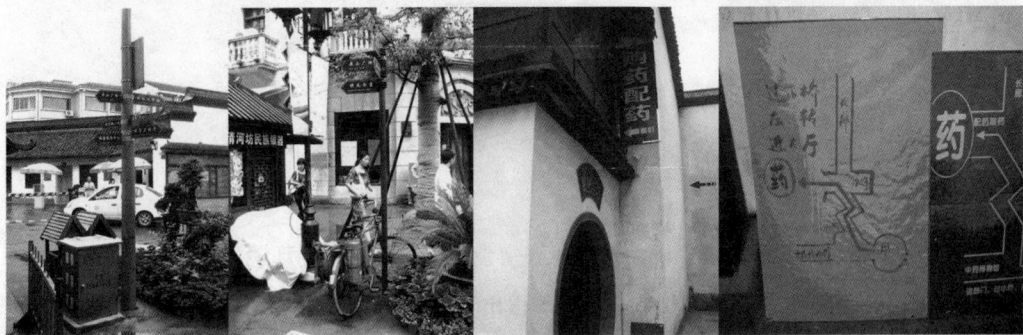

图6-3 实地现状

6.2.3 汇总分析

在收集并实地勘察采集环境设施的各类基本资料后，需要作进一步的汇总、整理、分析，归纳出一份内容翔实、条理清楚、针对性明确的目标环境分析材料，形成环境、设施、人群等三条分析主线，具体包括：

（1）目标环境地理特点及文化特征，这是后期设施设计的大背景；

（2）环境设施本身的纵向分析，包括设施的发展、演变、技术更替等带来的相应设计变化，以及与同类相关设施产品的横向分析，寻找其优缺点；

（3）环境中的人群构成特点、行为模式特征，以及这些因素对设施设计的相应影响。

例如，本次课程设计中，有同学就针对前期收集到的诸多资料，进行了如下的汇总分析（图6-4）。

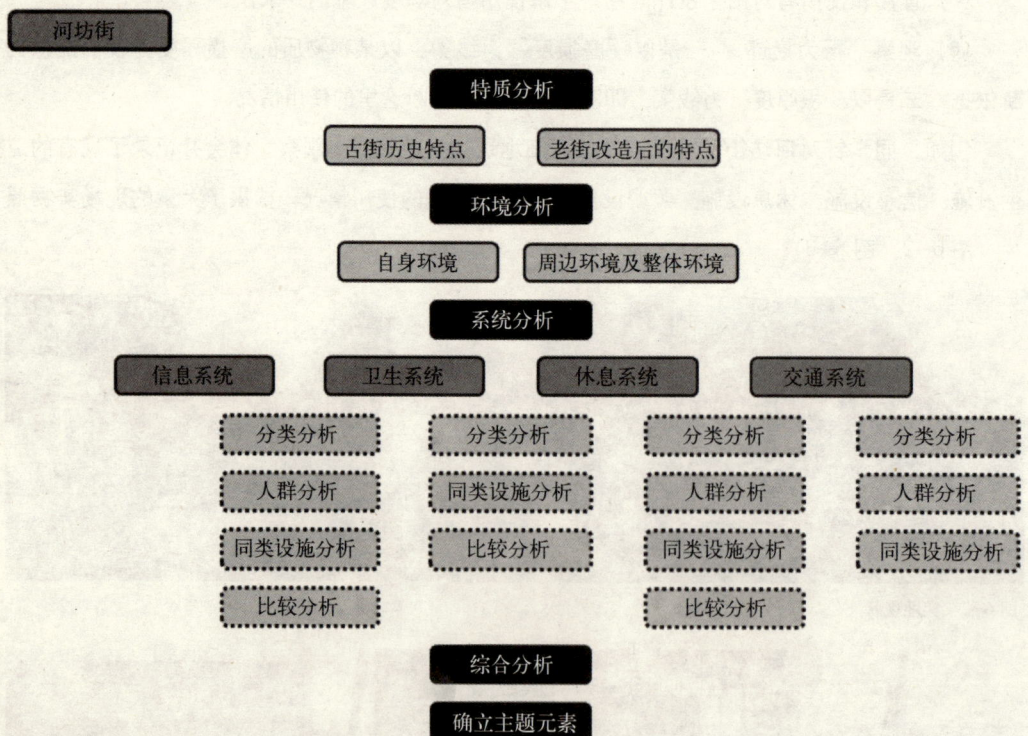

图 6-4　汇总分析图 / 制作：沈小伟

6.2.4 明确定位

通过上述过程的前期调查分析，已经能够初步掌握现阶段目标环境的环境设施设计情况，针对这些情况，在汇总分析的基础上需要明确提出环境设施设计亟须解决的相关问题，包括环境设施的形态问题、功能问题、结构问题等。

设计流程第一步提出问题后，设计者已基本了解环境设施的问题所在，在本阶段就需要针对这些问题，进行解决问题的程序策划，给出明确的设计方向与思路，计划好设计流程和计划，为后期构思比较、定案作准备。

定位策划内容包括：

(1) 详细的计划提案进程，确定小组人员分工安排、具体设计流程的时间节点和时间计划表；

(2) 明确的设计理念、设计风格、设计元素语言，确定课程设计的思路和方向；

(3) 准确的环境场所文化表达，确定设施设计的大环境氛围。

有了这些明确的设计定位，第三阶段方案的构思才可以有的放矢，事半功倍。

6.3 构思比较——创新设计思维方法

经过前期周密的调查分析和定位分析，就可以进入课程设计的核心内容部分——方案构思阶段，在这一阶段需要设计者运用各种创新设计思维方法，对环境设施的形态、功能、结构等作各种前瞻性的设想与设计，并对设计草图方案进行不断地推敲与延伸构思，一直到最终的深化设计。

这一过程，是对设计综合能力的极大考量，设计构思和思维方式多种多样，一般环境设施设计中我们会更多地用到如下几类方式。

6.3.1 仿生设计法

"设计的基础应来自诞生于大自然的生命所呈现的真理之中。"

——[德]路易吉·卡拉尼

1. 基本含义

人类在古老的年代似乎就认识到能从自然生态系统中领悟到自身生存、发展、进步的真谛。人类从蒙昧时代进入文明时代就是在模仿和适应自然规律的基础上发展起来的。生命、植物等自然形态以其自身的丰富性，向我们展现着无限的美，这种高度感性的美的存在，常被设计师作为借鉴的对象（图6-5）。到了现代社会，人们更加意识到了重新认识自然，探讨与自然和谐生存的必要性，亦认识到仿生设计学对人类未来发展的重要性。

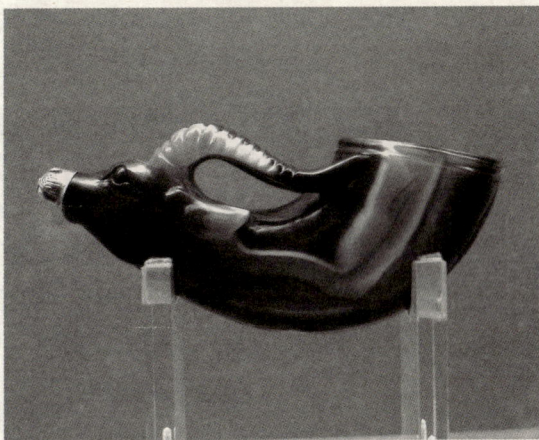

图6-5 牛角杯－陕西历史博物馆馆藏

　　1960 年秋，在美国俄亥俄州召开的第一次仿生学讨论会，标志着仿生学的正式诞生。仿生设计学是在仿生学和设计学的基础上发展起来的一门新兴边缘学科，主要涉及生物学、物理学、信息论、人机学、心理学、美学、论理学等相关学科。仿生设计学是以自然界万事万物的"形"、"色"、"音"、"功能"、"结构"等为研究对象，有选择地在设计过程中应用这些特征、原理进行的设计，是仿生学研究成果在人类生存方式中的反映。随着社会发展和人类的进步以及人类对现实生活追求的不断提高，仿生设计学已融入人们生活的方方面面，仿生设计正逐渐成为设计发展的大趋势，成为现代设计的重要方法之一。

　　2. 类型

　　仿生设计应用的范围很广，与设计相关的仿生设计类型：形态仿生、功能仿生、结构仿生、色彩仿生。

　　(1) 形态仿生：自然界中各种各样的生物都有自己独特的形态特征，如蝴蝶翅膀上那精美的图案、骆驼高高的驼峰、仙人掌长满刺的圆鼓身躯等。站在设计的角度，我们要善于归纳各种生物的形态特征，才能进行形态的仿生设计。根据模仿逼真度的不同，可把形态仿生分为具象仿生和抽象仿生（图 6-6～图 6-9）。

　　1) 具象仿生是一种对模仿对象外在特征的直接模仿与借鉴，以追求设计作品与模仿对象之间外形特征的形式相似性为主要目标的设计手法。具象仿生强调的是一目了然式的识别性与认同感，使环境设施的形态具有情趣、活泼可爱。

　　2) 抽象仿生是一种对模仿对象的内在神韵或外在形象特征进行提炼、概括的基础上的模仿与借鉴，强调是神似，甚至是在似与不似之间的微妙把握。

　　(2) 功能仿生：地球上的各种生物，在几百万年的进化过程中，拥有了适应环境的各种功能，而且其进化程度接近完美。人类模仿生物的功能进行物质改良与创新是一种常用的方法，如根

图 6-6　动物－坐椅

图 6-7　鳄鱼－有机建筑

据鸟类的飞行原理研制出飞机，模仿蝙蝠避免碰撞的原理，用电磁波代替声波制造出雷达系统等（图6-10）。功能仿生主要是研究生物体和自然界物质存在的功能原理，深入分析生物原形的功能与构造、功能与形态的关系。

（3）结构仿生：自然界中，很多生物都具有一定的强度、刚度和稳定性的结构，如蜘蛛网、蛋壳、蜂巢，这些看似弱小，有时却能承受很大的外力。这些巧妙合理的结构关系正逐步被人们所认识和利用。结构仿生主要研究生物体和自然界物质存在的内部结构原理在设计中的应用问题，通过研究生物整体或部分的构造组织方式，发现其与产品的潜在相似性进而对其模仿，以创造新的形态或解决新的问题（图6-11、图6-12）。

图6-8 地铁坐椅－家具

图6-9 Alessi 设计师同台湾故宫博物馆合作设计的 the chin family－满清家族

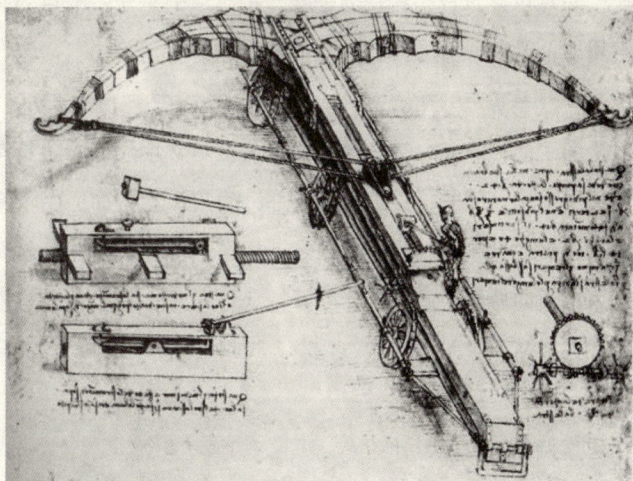

图6-10 达·芬奇设计的第一架飞行器

图6-11、图6-12 铲土机的机械臂工作原理模仿螳螂前爪的结构

（4）色彩仿生：自然界中存在着千姿百态的色彩组合，在这些组合中，大量的色彩表现得极其和谐与统一，体现出色彩理论中的各种对比与调和的关系，并经过不断地进化适合物种生存的需要。色彩仿生是指通过研究自然界生物系统的优异色彩功能和形式，并将其运用到环境设施设计中。如色彩的掩护作用是一种光学上的掩饰，一种迟缓获取视觉信息的欺骗性伪装。

6.3.2　定点设计法

1. 基本含义

定点法，是以列举的方式把要解决的问题强调出来，有针对性地进行创造，该方法主要是使设计师克服其感知的不足障碍，迫使设计师带着一种新奇感将事物的细节都列举出来，使他们尽量清楚所要表达的具体目的和指标。

2. 类型

定点设计法包括特性列举法、希望点列举法、缺点列举法等多种表达方法，这里重点解释常用的希望点列举法和缺点列举法。

（1）希望点列举法

希望点列举法是指在设计之初先把对环境设施希望具有的属性或者功能、使用方式等先清楚列举出来，然后根据主客观条件，确定设计方向。由于希望点列举法是从使用者实际的意愿出发提出各种希望设想，故在设计构思中可以较少的受现有设计的羁绊，也就给了设计者一个较为广阔的思维空间，设计中哪怕只针对其中一个希望点来作造型的创新，都能给设施带来新的视觉观感。

案例：垃圾桶设计

针对垃圾桶，我们同样可以列出这么一些希望点：

• 垃圾箱投口高度适宜，无需人们弯腰投垃圾；

• 垃圾桶内胆取放方便，能给清洁工人日常清理带去方便；

• 形态有所处环境的特色，且具有时代感；

• 结构处理有新的创意，不再是千篇一律的质感设计；

• 垃圾桶在城市中不再是一个污浊的象征，而是城市景观的一部分；

……

针对这些，有同学对杭州运河水上巴士码头客运站的垃圾桶作了这样的设计：以"帆"作为主题元素，迎合运河的大环境特点，使其造型及色彩上有了明确的差异化及特色，投口高度抬升到普通人的垂手高度，不用弯腰即能投进，同时顶部配套了烟缸的设计，满足了小部分特殊人群的需求（图6-13）。

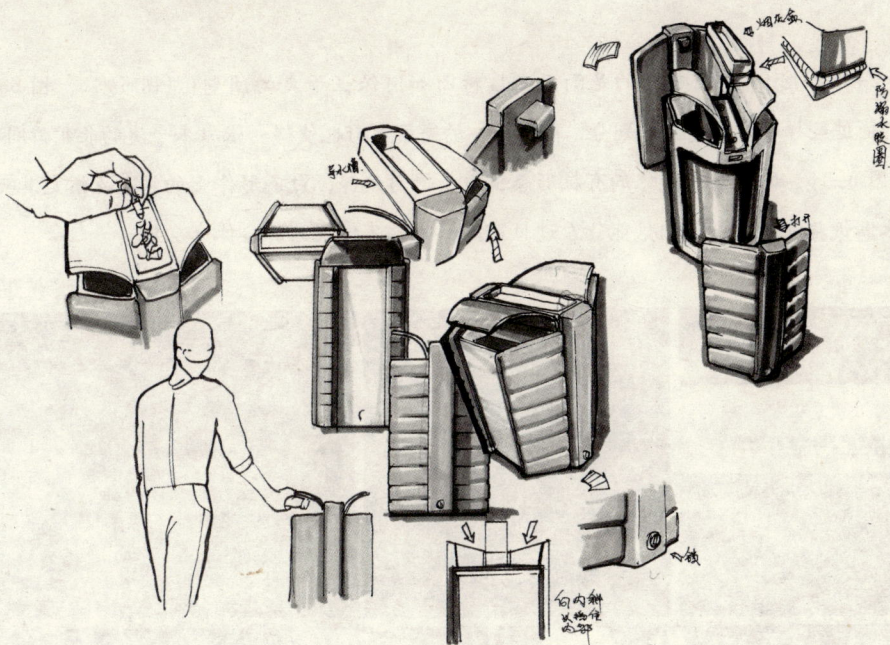

| 图 6-13　教学指导作品 / 刘桐、秦子清

（2）缺点列举法

缺点列举法是把对事物认识的焦点集中在发现他们的缺陷上，通过对他们缺点的一一列举，提出具有针对性的设计方向。在环境设施设计中，列举出的各类设施的缺点都可以作为切入点来对环境设施进行设计改良。

案例：休息设施设计

公共场所中的休息设施的设计，经过调查我们发现，它有这么一些值得关注也需要解决的问题，也就是我们所说的缺点：

• 同坐于一张休息椅上的陌生人的隐私距离欠缺考虑；

• 下雨后休息设施无法保持干燥清爽；

• 室外坐椅在夏、冬两季无法保证乍一接触凳面时有一个人体感觉舒适的温度；

• 各环境之间的休息椅缺乏差异性，有千人一面之感；

• 形态塑造上只突出了坐椅可供休息的基本功能，而缺乏形态上的创意

……

（图6-14～图6-18）就是针对这些列举的缺点所作的改良休息设施，具有不同的设计切入点：

（图6-14、图6-15）解决的是雨天之后椅面如何保证干爽的问题；（图6-16、图6-17）则巧妙的通过纹样对位置进行了划分，同时纹样的亮丽色彩也使得一张原本平淡的长凳瞬间有了生机；（图6-18）的凳子以趣味的有机形态出现，饱满纯粹，白色形体上的黑色点缀尤其点睛，这样的休息设施在路边出现相信能让人过目不忘，它已不仅仅只具备休息功能。

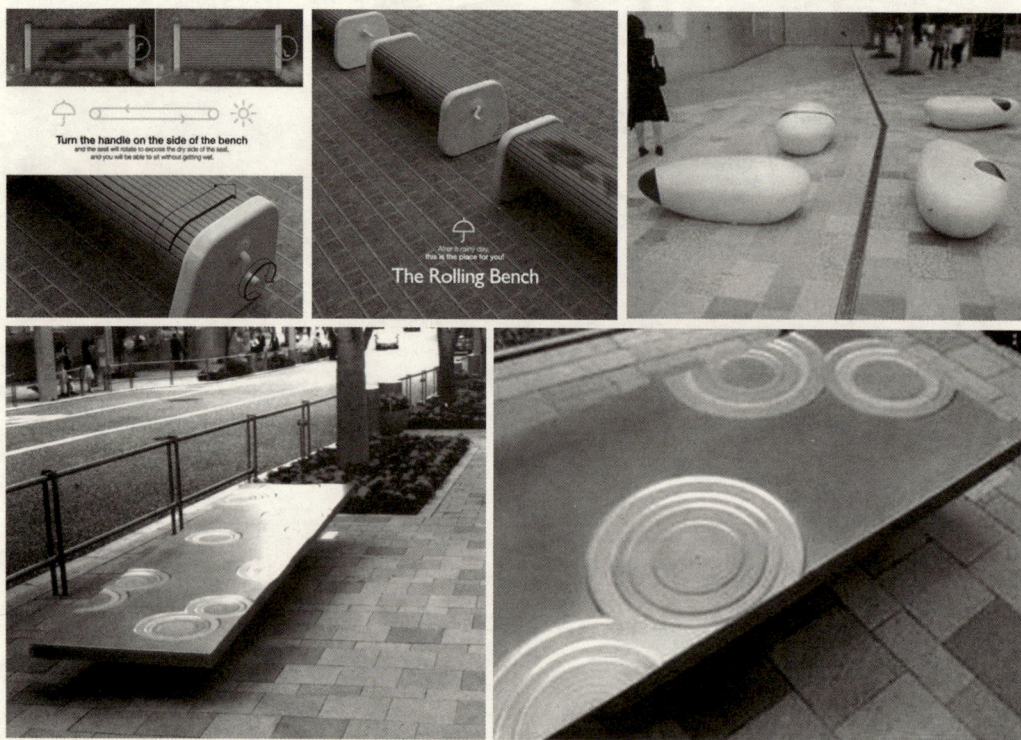

图6-14～图6-18　缺点列举法图

6.3.3　逆向思维法

逆向思维法是指为实现某一创新或解决某一因常规思路难以解决的问题，而采取反向思维寻求解决问题的方法。摆脱常规思维的羁绊，常常会取得意想不到的功效。

在环境设施设计中运用逆向思维取得设计成功最典型的一个例子就是日本设计大师原研哉所做的梅田医院的导向指示系统（图6-19～图6-21）。常规的做法，医院的指示系统都偏好于使用容易打扫也容易消毒清洁的钢化玻璃、金属等材质，而梅田医院却偏偏以轻柔、舒适、温暖的白棉布作为指示系统的素材，原因是什么？原研哉先生想要告诉大家的恰恰就是很多人极力想去避免的一点：这么不耐脏不便于清洗的白棉材料梅田医院都敢于大幅面的使用，我绝

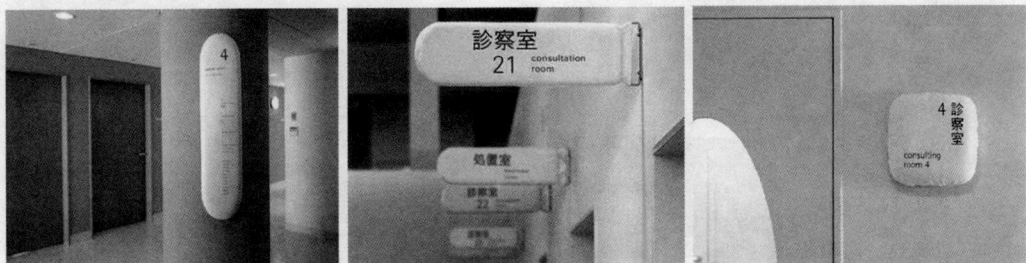

图 6-19、图 6-20、图 6-21　梅田医院导向指示系统设计 / 原研哉

对能保证整间医院的清洁与卫生，大家可以来医院放心就诊。

这是典型的缺点逆向思维法，利用事物的缺点，将缺点变为可利用的东西，化被动为主动，化不利为有利，从而有了令人耳目一新的设计。

6.3.4　移植设计法

移植设计就是在环境设施的设计开发中，沿用已有的技术成果、设计材料，进行新的目的下的移植、创造，是移花接木之术，类似于模仿设计，但不是简单的模仿，可以给设计带来崭新的视角。

法国著名设计大师菲利浦·斯塔克曾在 1998 年为巴黎拉维莱特公园设计过这样的坐椅系统（图 6-22），由预制成型的铝片制成，铝片事先漆成各种颜色并作防磨损处理，并用藏在椅子轴中的特殊机械装置固定在地面上。这样的椅子就好像室内的办公椅一样可以自身 360°旋转，不同的人坐在上面就会有不同的旋转方式及椅面朝向方式，从而导致它在使用过程中排列方式每次都各有不同，在开阔的空间中呈现出一种闲适、浪漫的"无政府状态"的自由摆放方式。

这就是一次成功的移植设计，将室内家具的结构特性移植到公共空间的设施设计中，室外家具也由此有了一种奇妙的视觉效果。

6.3.5　替代设计法

替代设计就是在环境设施开发设计中用某一事物替代另一事物的设计，随着新技术的发展和新材料的不断涌现，一些原有的设施难免进入产品生命周期的衰亡时期，从而被产品所替代，就如 20 世纪 90 年代流行的传呼机在人们生活中的地位最终还是被现在几乎人手一个的手机所取代，而至于手机在未来的生活中又是否会一如既往的固守它现在的地位和作用，始终还是个未知数，在产品发展的历史长河中，总是会有更符合时代潮流和技术潮流的新事物在将来出现。

一般来说，替代设计主要有材料替代、方法替代等。在环境设施设计中，材料替代是我们惯常使用的一种方法。就图 6-23 中的设计，它利用新材料试图解决公共休息椅在冬夏两季无法保证人体舒适温度的问题，作者所设计的椅子富有智能材料和机构，人们在冬天坐下后，椅面温度自动调节到常温状态，给使用者带来一种贴心与温馨的感受。这是一个前瞻性的概念设

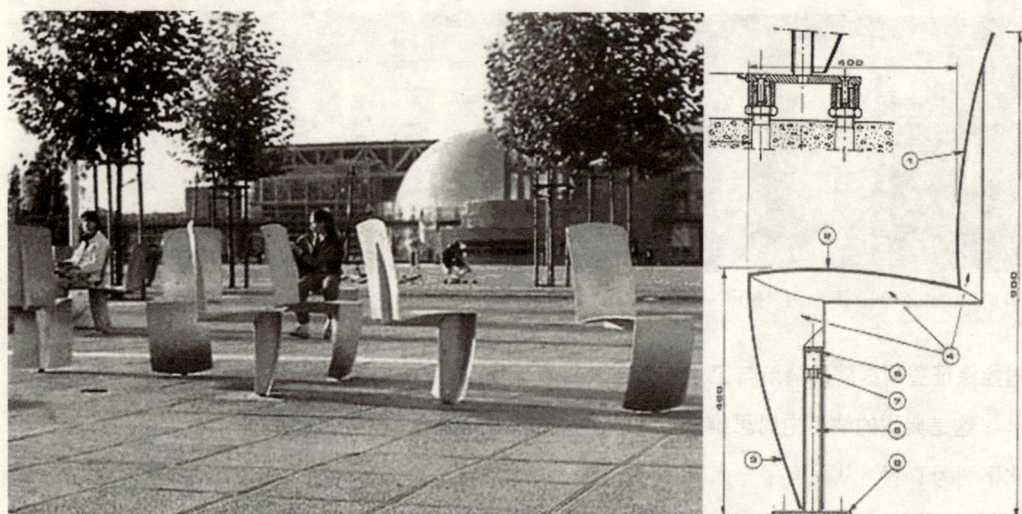

图 6—22 坐椅设计 / 菲利浦·斯塔克

富有智能材料和机构的坐椅设计

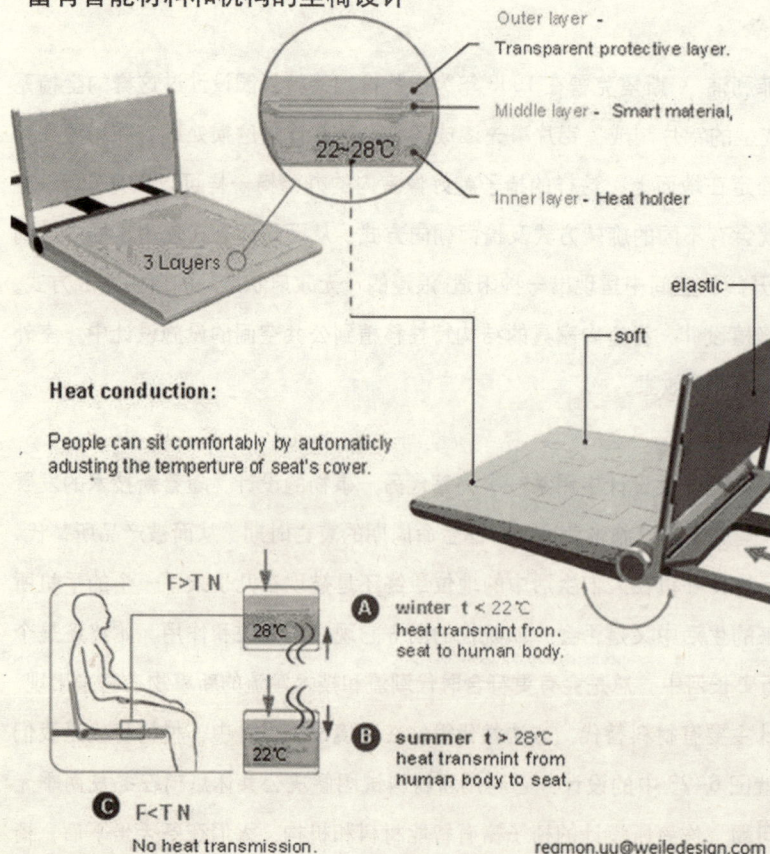

Outer layer -
Transparent protective layer.

Middle layer - Smart material,

22~28℃

Inner layer - Heat holder

3 Layers

elastic

soft

Heat conduction:

People can sit comfortably by automaticly adusting the temperture of seat's cover.

F>T N

28℃

A winter t < 22℃
heat transmint fron.
seat to human body.

22℃

B summer t > 28℃
heat transmint from
human body to seat.

C F<T N

No heat transmission.

reamon.yu@weiledesign.com

图 6—23 替代设计法图

计，虽然在目前看来仍需要推敲，但随着科技的发展，这样的公共休息椅极有可能在不久的将来出现，而成功替代现有的休息设施。

6.4 设计表达——视觉化图解

设计表达是一种图形语言的阐释，比语言描述更能阐述设计者的构想意图，能够将一些语言难以描述的形态用线条和色彩清晰地呈现出来，具有强烈的说明性和直观性。通常课程需要学生掌握如下几种图解表达方式来说明其方案的构想与成果。

6.4.1 快速的设计草图表现

在设计构思阶段，最初的设计表达主要着重于草图表现，需要把设计师的创意以快速和简单的方法表达出来。它是设计思维快速闪动的轨迹记录，是进行方案深入的基础。这也可以看作是设计师自己与自己沟通的一种方式，一个成熟的方案往往就是在那些不断调整的线条与画面中诞生，初学设计者尤其需要多进行草图训练以达到拓展思维的目的。

其表现一般快速、自由、流畅，画面并不追求精准与工整，只要能将自己的灵感用线条表达出来即可。但能很好地体现设计者的个人艺术气质与设计水平。作品图面虽然潦草、混乱，但在艺术审美上具有一定的观赏价值（图6-24、图6-25）。

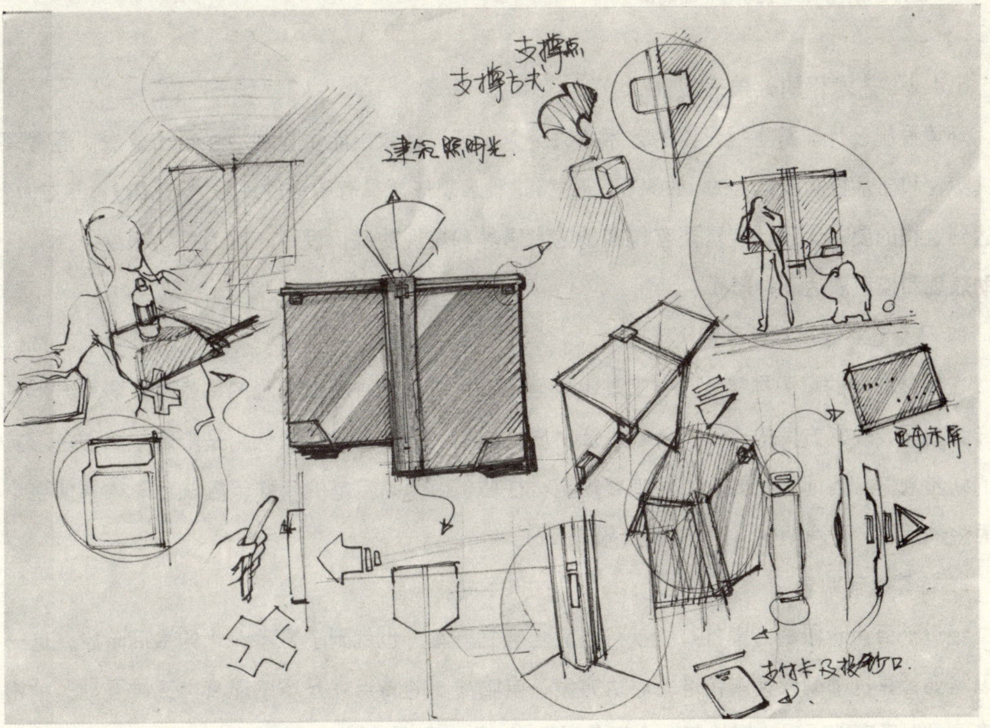

图6-24 设计草图／何伟、沈小伟、潘晓锋

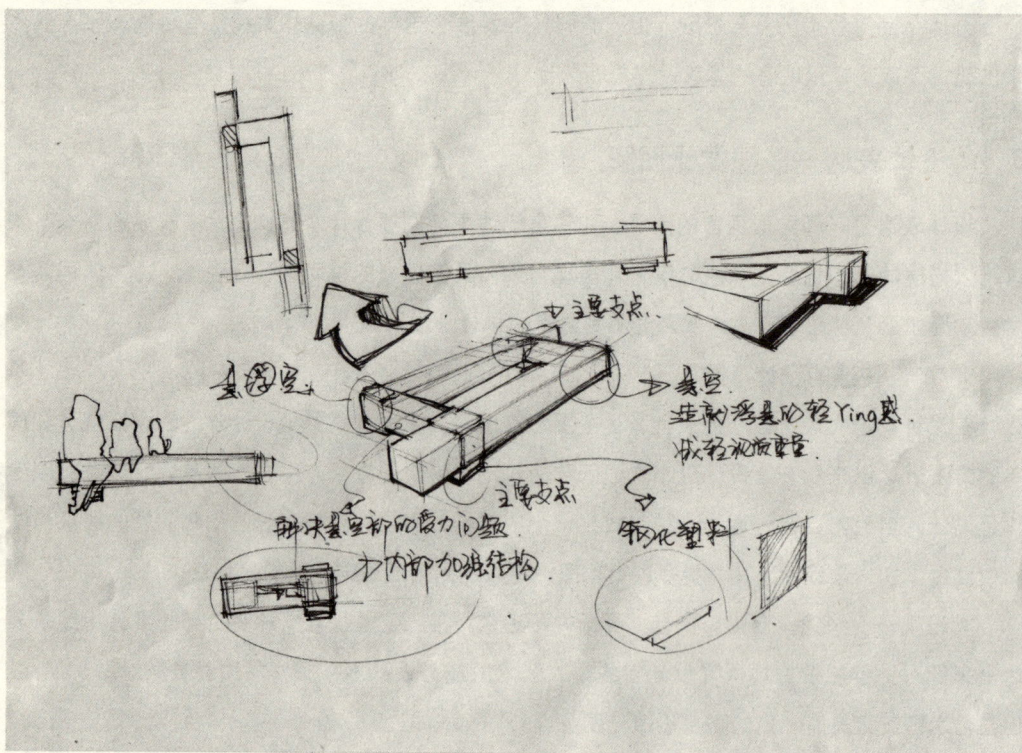

|图 6-25 设计草图／何伟、沈小伟、潘晓锋

6.4.2 艺术化的效果表现

环境设施设计非常重视设计的艺术效果，为了把设计效果能更直观地呈现给业主，通常采用真实性和艺术性高度结合的"效果图"形式，这种表现形式具有较强的说服力、感染力、冲击力，要达到这样的要求，设计者需要有较高的艺术修养和表现功底。设计一般为手工精绘、计算机辅助表现和模型表达三种形式。

1. 马克笔彩绘解释性草图

在经过前期的草图推敲后，方案基本成型，就可以用更直观及美观的马克笔淡彩对方案进行详细刻画，确定方案的比例、色彩以及材质的规划，这个阶段可以认为是电脑效果图色彩方案的初步预览，因而画面要求相对工整规范，往往也因为马克笔的特殊笔触及色彩效果使整个画面生动活泼、干净明快（图 6-26、图 6-27）。

2. 计算机辅助表现

经过前面两阶段的方案推敲，就可以完全确立方案，也就到了方案深化的最后阶段，这一阶段需要计算机辅助设计来精准地表达方案，电脑绘图的特点就是质感逼真、三维互动、精密准确，可以真实地再现方案的每一个细节（图 6-28～图 6-30）。

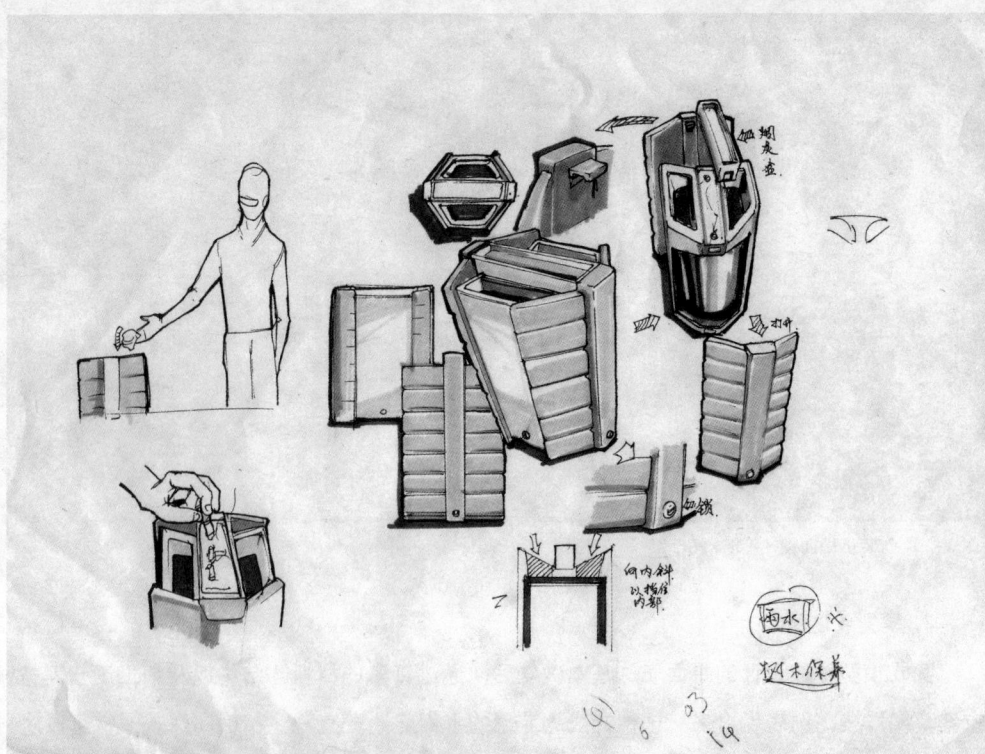

| 图 6-26、图 6-27　马克笔彩绘 / 刘桐、秦子清

图6-28、图6-29 计算机辅助设计表现/何伟、沈小伟、潘晓锋

图6-30 计算机辅助设计表现/杨小军

3.模型表达

实物模型是在设计的平面表达基本确立后,通过真实的材料、结构以及加工工艺等将设计方案真实地按比例表现出来,这种方式比前期的平面表达更直观、精确和深入,它可以对方案的尺寸、比例、细节、材质、技术、结构等有一个合理完整的评估(图6-31)。

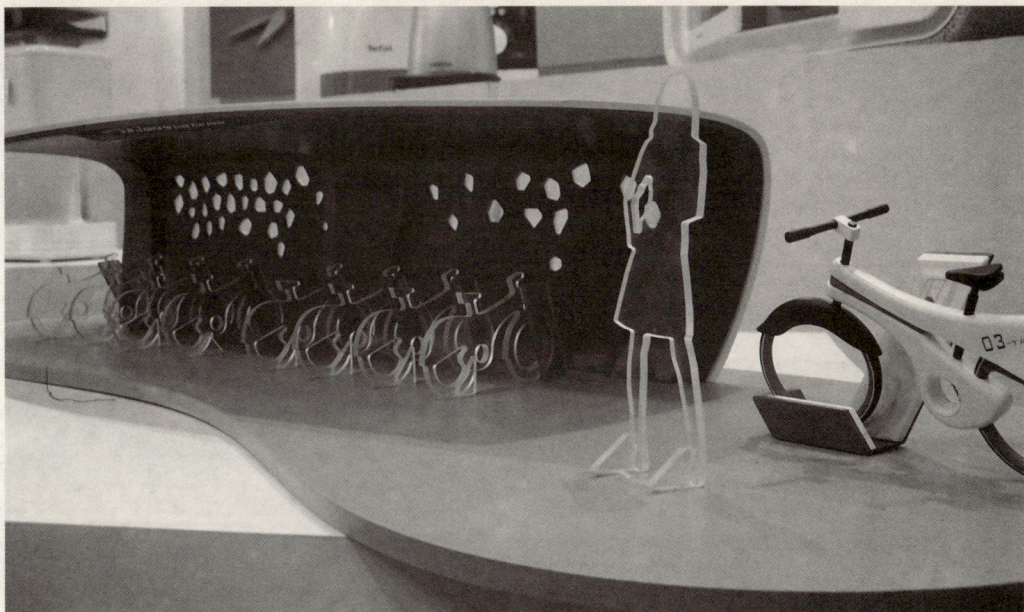

|图 6-31 设计模型表现

6.4.3 严谨的技术图纸表示

环境设施设计除运用以上两种表现方式外，还要采用相当严谨的技术图纸表示。如果说前两种是为设计造型的效果表现，那这种表现方法是为设计的实现提供依据。随着计算机辅助设计的发展，CAD 制图已经大大提高了技术图纸表示的效率。遵循规范的制图标准，对设计的整个布局到细节大样，都将表达的清清楚楚。其图面形式主要有平面图、立面图、剖面图、节点大样等，一般以施工图来统称（图 6-32）。

|图 6-32 信息栏、坐椅的施工图（一）

黑色琉璃瓦屋面

60×60不锈钢方钢
（黑漆罩面）

60×60不锈钢方钢
（黑漆罩面）

□100不锈钢钢管
（黑漆罩面）

信息栏A立面图 1:20

黑色琉璃瓦屋面

60×60不锈钢方钢
（黑漆罩面）

□100不锈钢钢管
（黑漆罩面）

信息栏A平面图 1:20

黑色琉璃瓦屋面
20厚水泥砂浆结合层
60厚钢筋砼内配Φ6钢筋
20厚水泥粉刷

□100不锈钢钢管（黑漆罩面）

屋顶剖面图 1:5

信息栏平面图 1:20

信息栏B立面图 1:20

<table>
<tr><td>修 正 REVISION</td><td>日 期 DATE</td><td>说 明 DESCRIPTION</td><td>核准 APPROVED BY</td><td>检图</td><td colspan="2">设 计</td><td>比例尺 SCALE</td><td colspan="2">1: 20 SCALE</td><td></td><td>环 境 设 施 设 计 图</td><td>图号 DRAWING NO.</td><td>张号 SHEET NO.</td><td>业务号 JOB NO.</td></tr>
<tr><td></td><td></td><td></td><td></td><td></td><td colspan="2">DESIGNED BY</td><td></td><td colspan="2"></td><td></td><td></td><td></td><td></td><td></td></tr>
<tr><td></td><td></td><td></td><td></td><td>核对</td><td colspan="2">批准</td><td>日期</td><td colspan="2">DATE</td><td></td><td>信息栏A、B做法</td><td></td><td></td><td></td></tr>
<tr><td></td><td></td><td></td><td></td><td>CHECKED BY</td><td colspan="2">APPROVED BY</td><td></td><td colspan="2">DATE</td><td></td><td></td><td></td><td></td><td></td></tr>
</table>

40厚脱脂榉木（清漆罩面）

5厚不锈钢钢板，用DN4螺栓固定

□100不锈钢钢管

坐凳平面图 1:20

40厚脱脂榉木
（清漆罩面）

5厚不锈钢钢板，
用DN4螺栓固定

□100不锈钢钢管

C25砼

坐凳立面图 1:20

40厚脱脂榉木
（清漆罩面）

5厚不锈钢钢板，
用DN4螺栓固定

□100不锈钢钢管

坐凳侧立面图 1:20

垃圾箱平面图 1:20

垃圾箱立面图 1:20

垃圾箱剖面图 1:20

<table>
<tr><td>修 正 REVISION</td><td>日 期 DATE</td><td>说 明 DESCRIPTION</td><td>核准 APPROVED BY</td><td>检图</td><td colspan="2">设 计</td><td>比例尺 SCALE</td><td colspan="2">1: 20 SCALE</td><td></td><td>环 境 设 施 设 计 图</td><td>图号 DRAWING NO.</td><td>张号 SHEET NO.</td><td>业务号 JOB NO.</td></tr>
<tr><td></td><td></td><td></td><td></td><td></td><td colspan="2">DESIGNED BY</td><td></td><td colspan="2"></td><td></td><td></td><td></td><td></td><td></td></tr>
<tr><td></td><td></td><td></td><td></td><td>核对</td><td colspan="2">批准</td><td>日期</td><td colspan="2">DATE</td><td></td><td>坐凳、垃圾箱做法</td><td></td><td></td><td></td></tr>
<tr><td></td><td></td><td></td><td></td><td>CHECKED BY</td><td colspan="2">APPROVED BY</td><td></td><td colspan="2">DATE</td><td></td><td></td><td></td><td></td><td></td></tr>
</table>

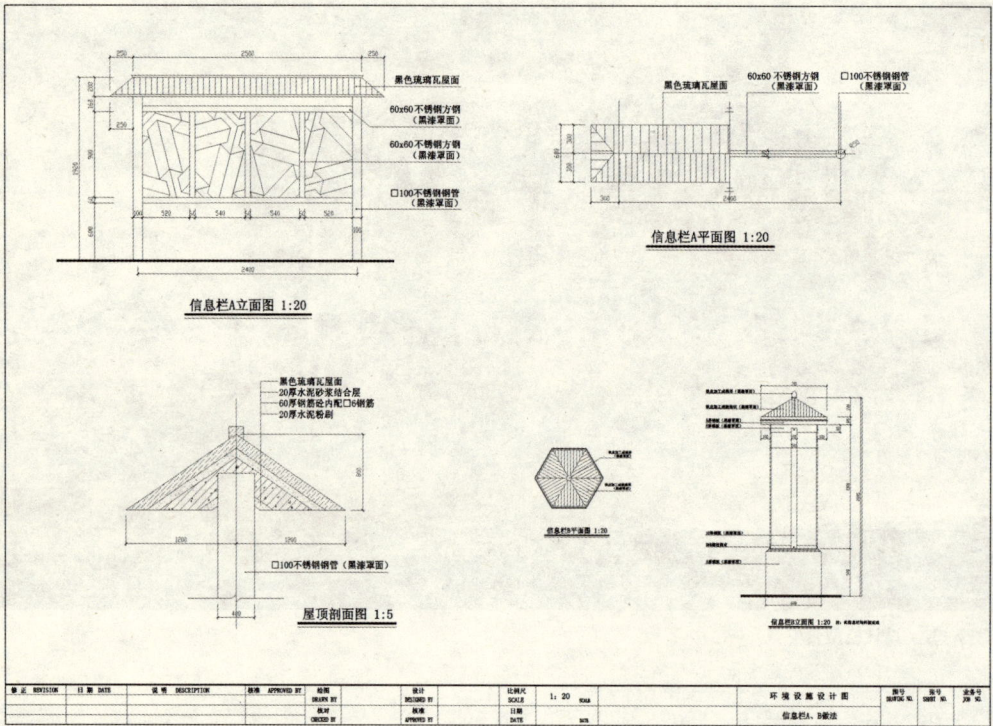

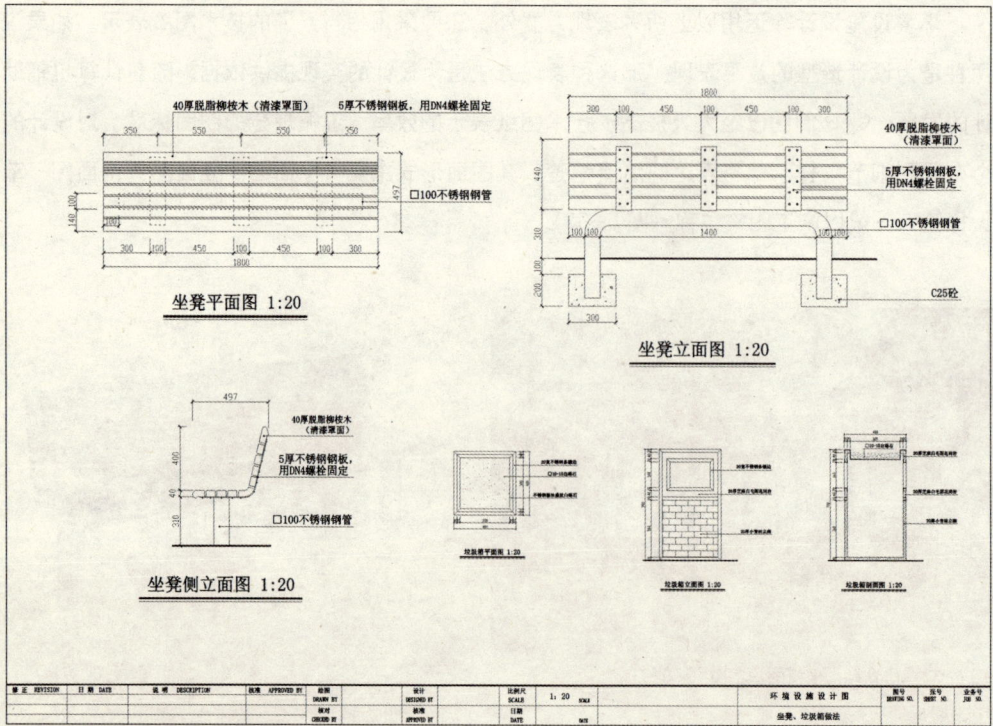

图 6-32　信息栏、坐椅的施工图（二）

6.4.4 个性化的版面表达

对一次完整的课程设计而言,版面是对整个设计的最终完整呈现,而通常课程结束时要求学生递交的作业形式也是一份完整的版面,内容包括设计元素阐述、草图方案过程、电脑效果图以及相应的尺寸比例、使用状态等的图文说明(图6–33)。

图6–33 个性化的版面表达 / 詹明明

6.5 课程命题——场景故事

场景故事主要是强调环境设施的场所特征。城市空间中的环境设施设计如果脱离具体的、实际的环境,无视环境因素和场所特点,将会失去其自身的价值。环境设施的设计应建立系统、整体的环境观念,具体的环境设施设计应对具体的环境空间特征、乃至城市整体景观和城市文化有全面地理解和把握,积极处理好环境设施的造型、色彩、质感、题材等,体现出环境设施的场所意境。

6.5.1 杭州市博库书城环境设施设计

1. 环境设施现状

本次调研主要针对杭州文二路博库书城的三大系统设施:信息系统、休息系统以及卫生系统,现状如下。

（1）信息系统中的指示系统虽然有主次辅三类，但是书店的特色并不明显，在指示性上也欠缺人机考虑，另外查询台设计过于繁琐和庞大，与其所在环境稍显不符；

（2）休息系统设施数量少，体积大，同时可供选择的休息方式较单一，从而导致很多人都是席地而坐；

（3）卫生系统因为书店的场所特殊性，不需要过多的数量，但是仍然需要有明确的场所特征的形态设计。

整体而言，书城在各大设施的视觉统一性上缺乏整体的规划，无法形成一个完整的设施印象。

2. 设计元素

针对以上现状，本设计有了如下构思方向：以书店中常见的方形元素为主，配以柔软的布料作为材质搭配，以体现书城温馨舒适犹如居家书房伴读的环境气氛。另外，书城中色彩已经较多，故在色彩处理上采取不喧宾夺主的灰色调，作众多色彩中的平衡处理。

3. 方案表达

（1）草图过程（图6-34）

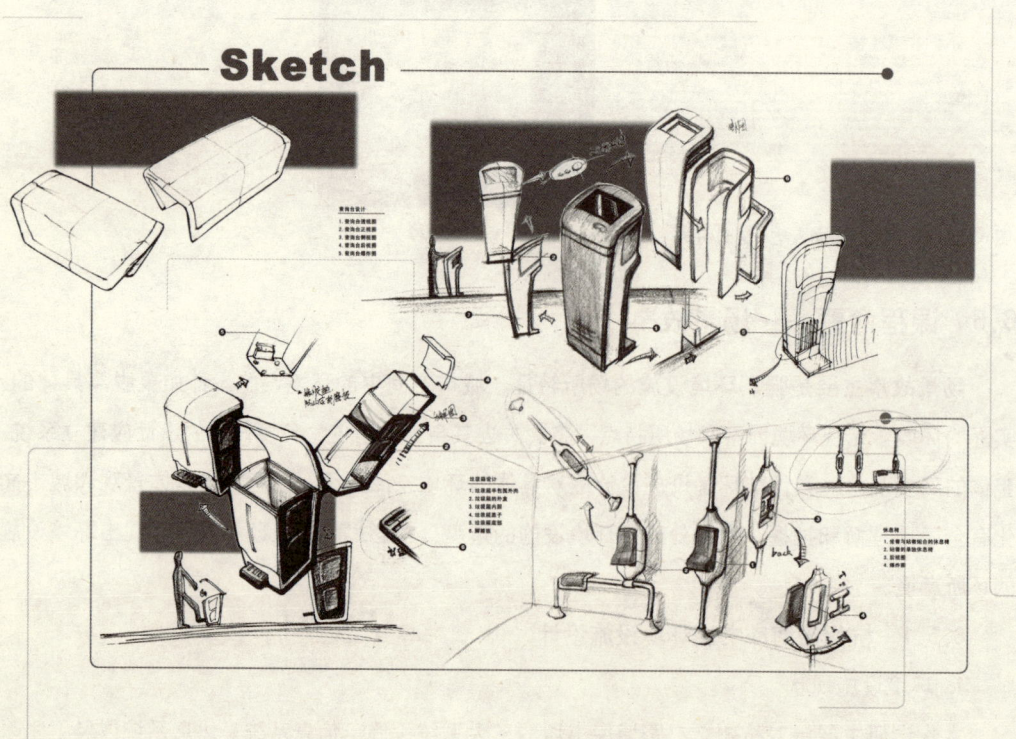

图6-34　教学指导作品/张洁、刘思琴

（2）最终方案版面（图6-35、图6-36）

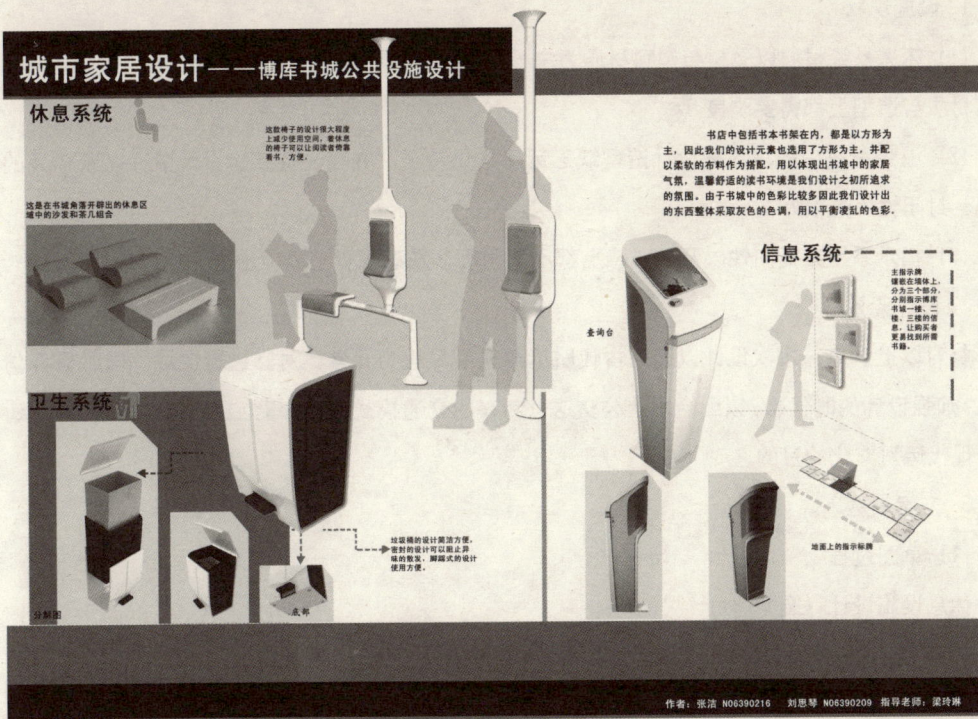

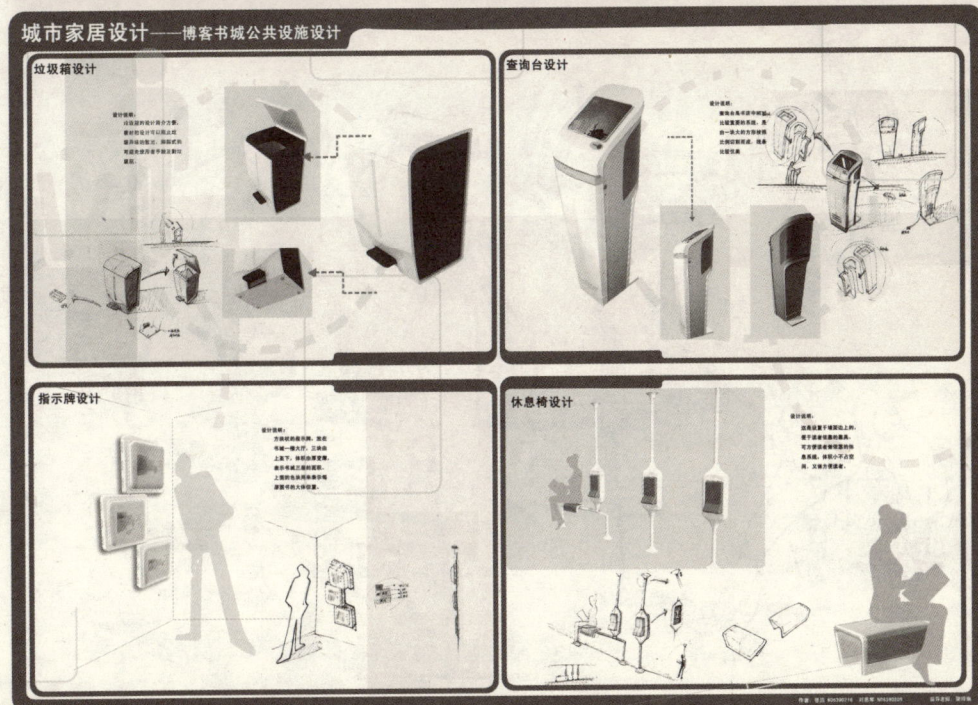

图6-35、图6-36 教学指导作品/张洁、刘思琴

6.5.2 杭州运河水上巴士码头客运站环境设施设计

1. 设施现状

（1）休息系统材质以石材与塑料材质为主,石凳舒适度欠缺,塑料坐椅的造型容易积蓄污垢,故在材质与造型上都需要改良;

（2）卫生系统中的垃圾桶设计造型缺乏运河文化特征,并在一些结构设计中存在着较大的缺陷,封闭性不是很好;

（3）指示系统在指向性以及形式感上都不够明确,缺乏视觉上的冲击力。

2. 设计元素

针对以上调查,本次设计以运河古代航运船只的风帆为元素,对其进行提炼,同时摒弃仿古风,加强设计的时代感,以配合水上公交这一新兴的交通模式,在主旨上起到以古运河为起点,创造现代运河文化的目的。

3. 方案表达

（1）草图过程

休息设施设计（图6-37）

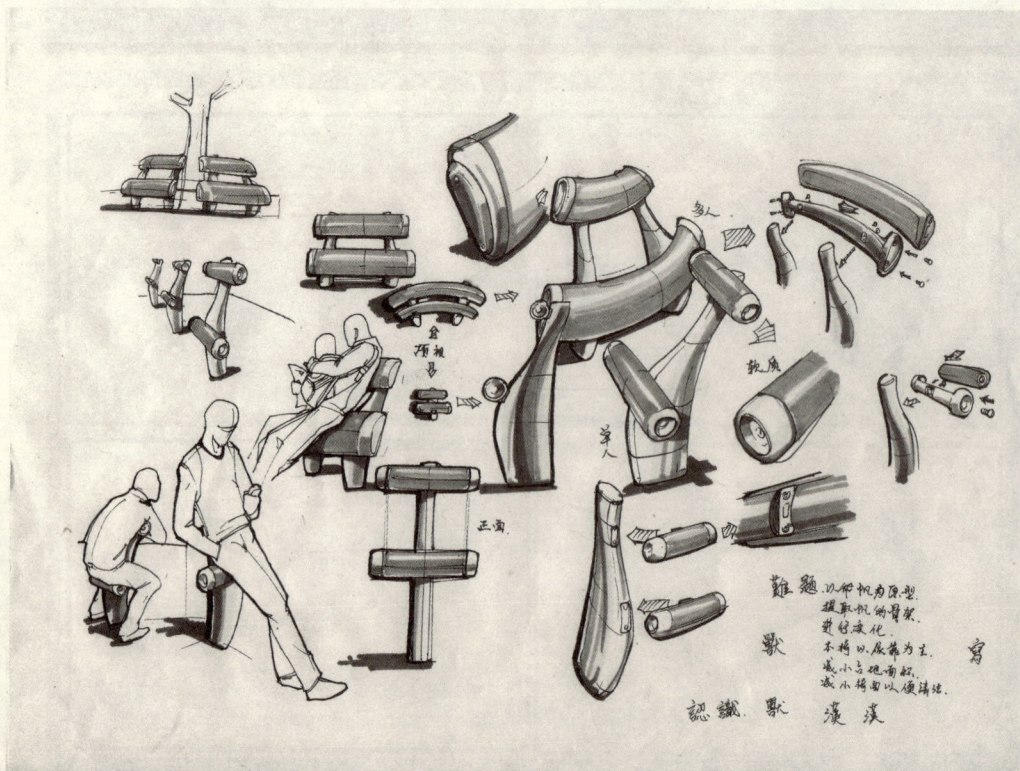

图6-37 教学指导作品/刘桐、秦子清

卫生设施设计（图 6-38）

| 图 6-38 教学指导作品 / 刘桐、秦子清

电话亭设计（图 6-39、图 6-40）

| 图 6-39、图 6-40 教学指导作品 / 刘桐、秦子清

指示系统设计（图6-41、图6-42）

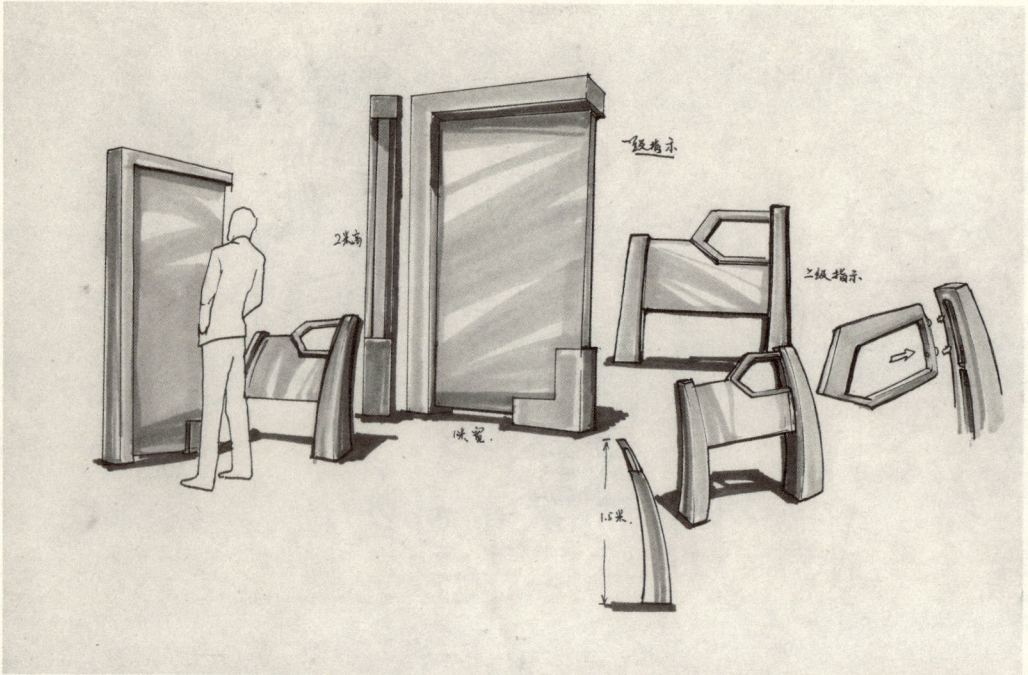

|图6-41、图6-42　教学指导作品 / 刘桐、秦子清

(2) 最终方案版面（图 6-43 ～ 图 6-45）

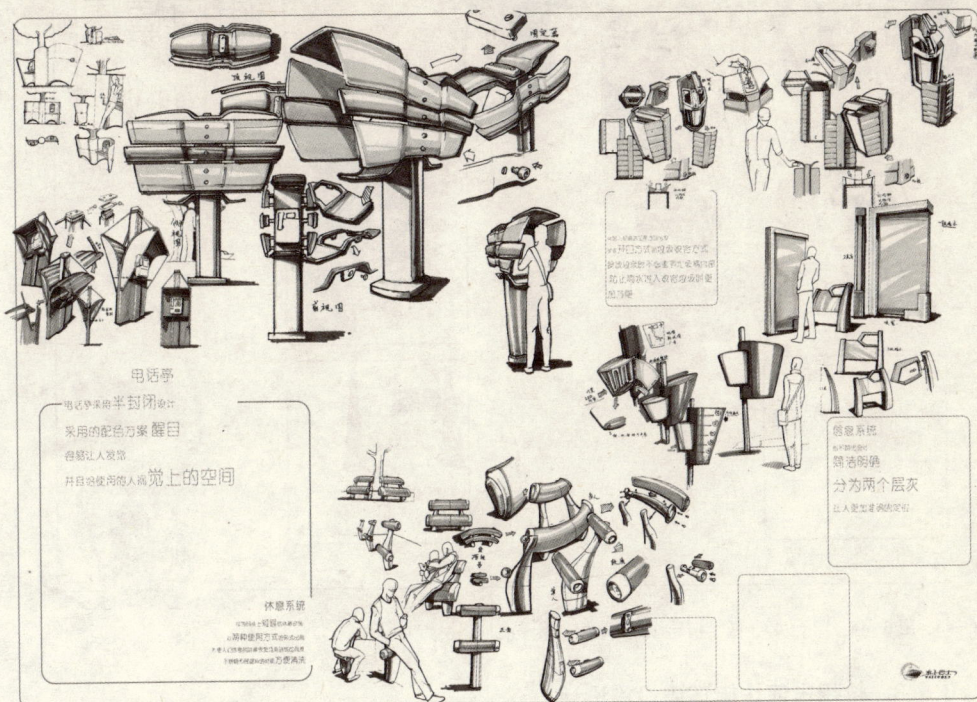

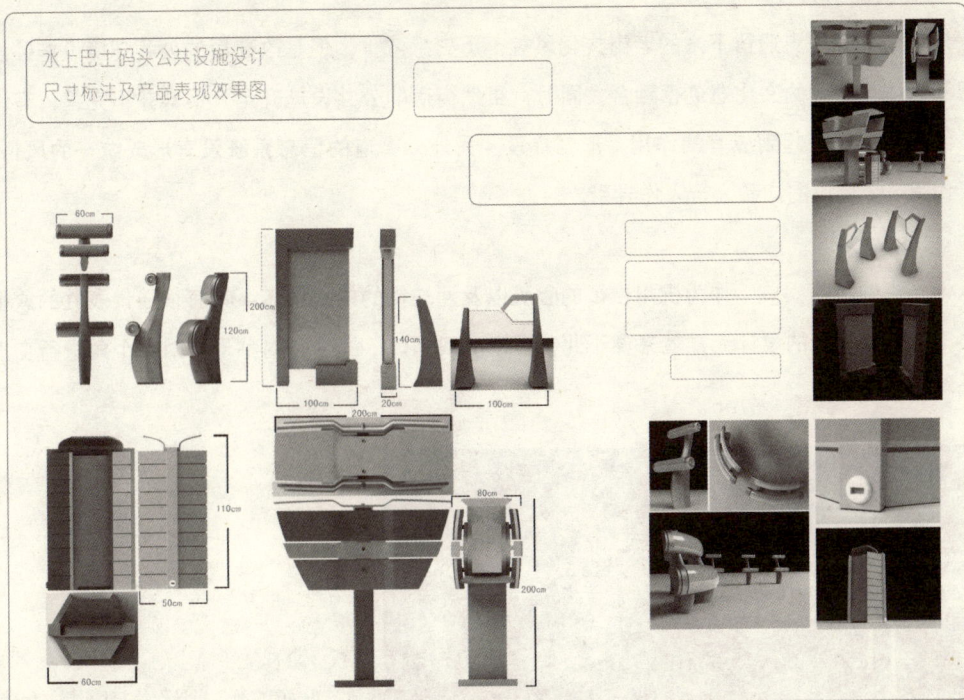

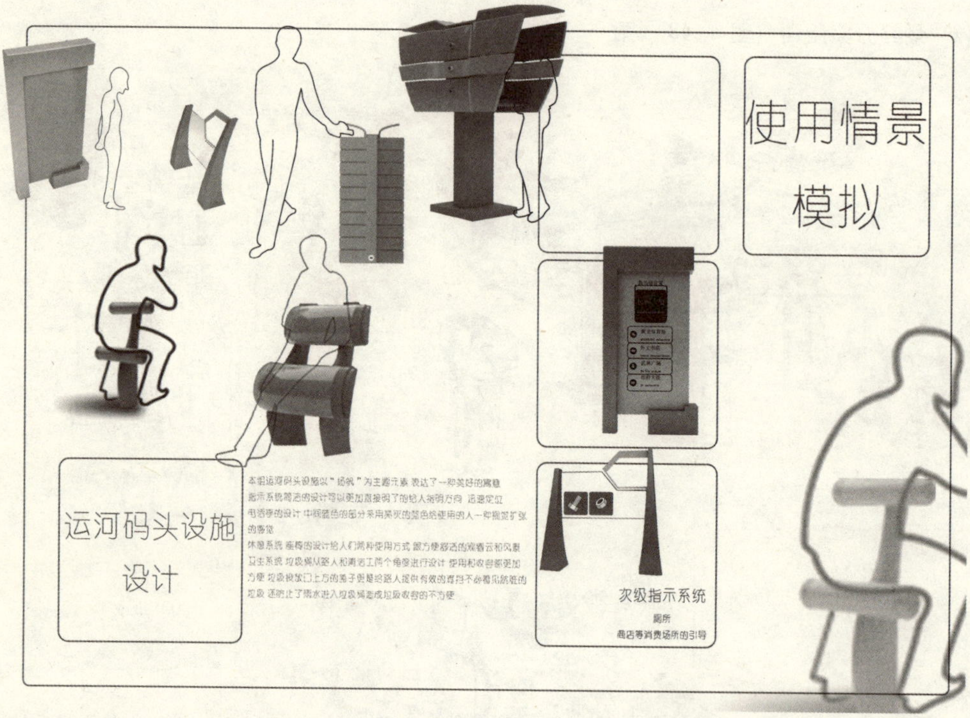

图6-43、图6-44、图6-45 教学指导作品/刘桐、秦子清

6.5.3 杭州市河坊街环境设施设计

1. 环境设施现状

河坊街拥有历史遗留下来的老街文化风貌，历史感浓重，但是改建后的公共环境设施并没有很和谐地与已有的文化遗迹相融合。同时，虽然街道的公共设施齐全，但却并不完善，有许多系统设施并没有起到应有的作用，形同虚设。另外，街道的信息系统没有形成统一的风格，以及作为一个突出的体系为行人作导引。

2. 设计元素

河坊街的"四拐口"作为杭州古街的心脏以及河坊街的中心地带，具有很强代表性的象征意义，故本套设施的设计元素就来源于此，提取"四拐口"的中心对称形并对四个角进行变形归纳（图6-46）。

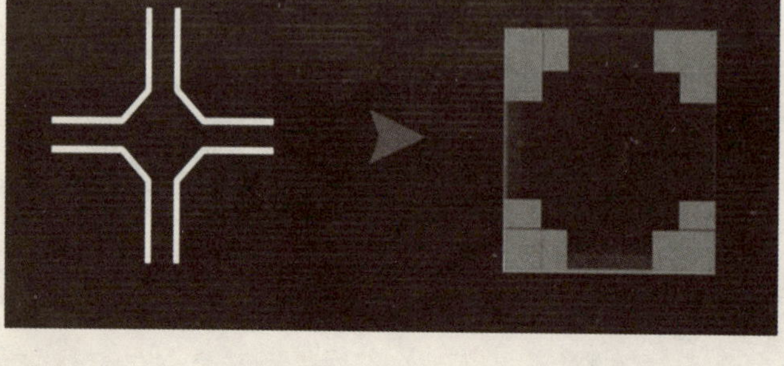

图6-46 教学指导作品/沈小伟、何伟、潘晓锋

3. 方案表达

(1) 草图过程（图 6-47 ～图 6-50）

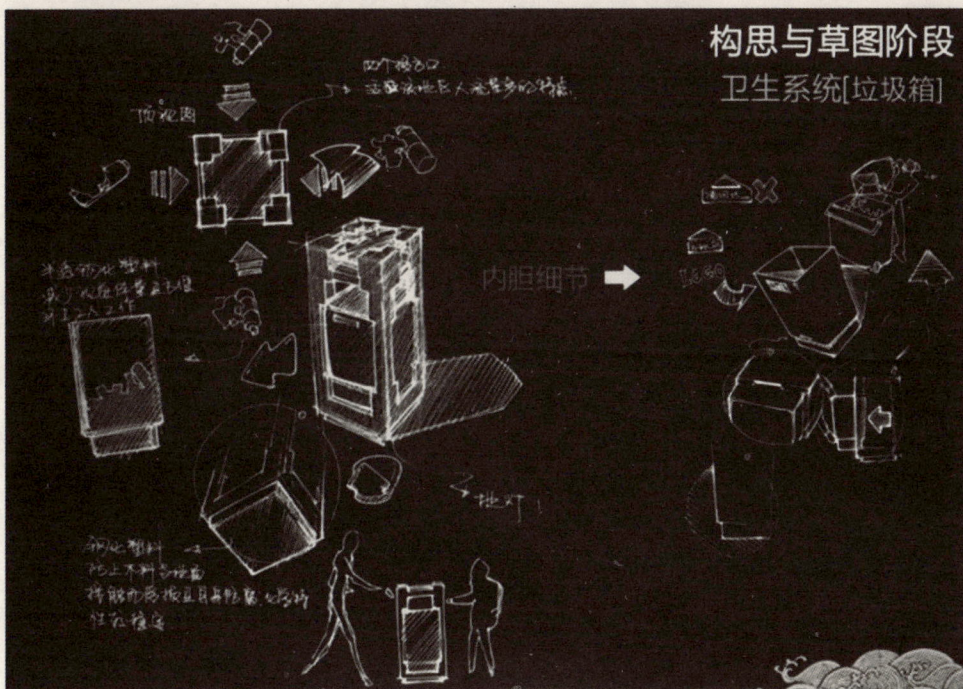

图 6-47　教学指导作品／沈小伟、何伟、潘晓锋

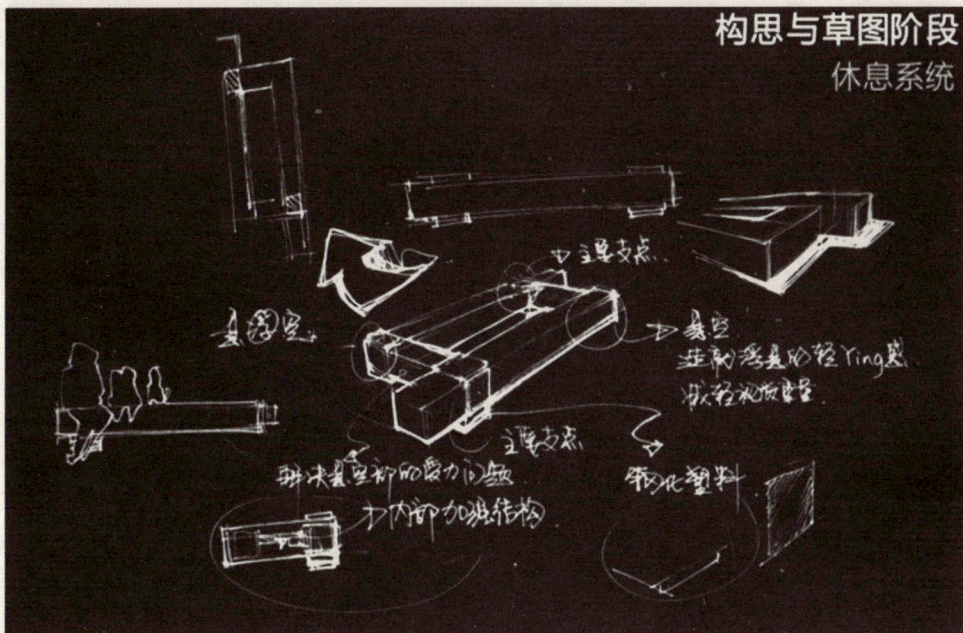

图 6-48　教学指导作品／沈小伟、何伟、潘晓锋

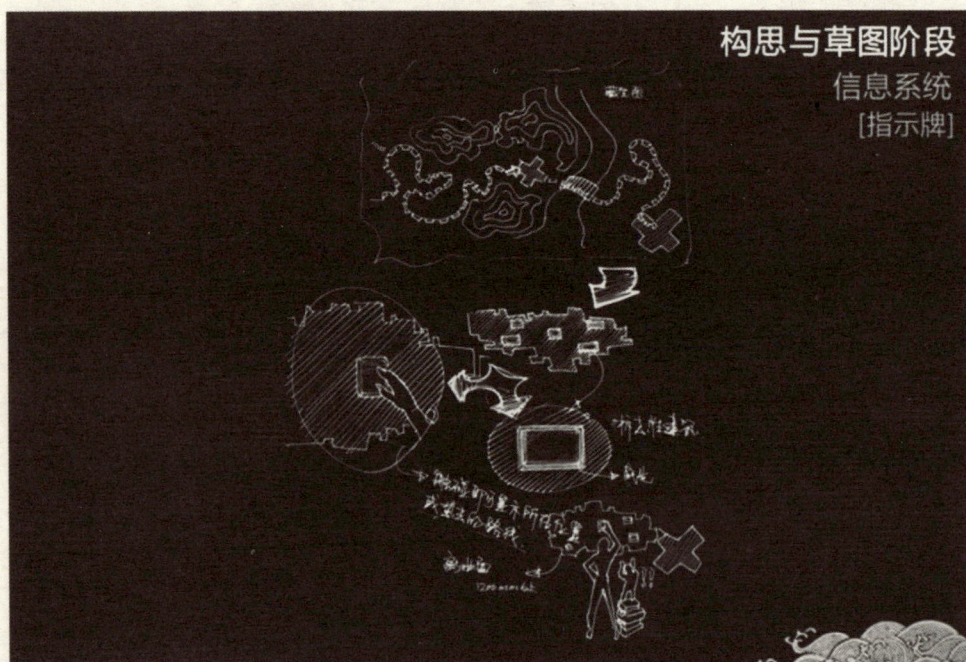

图6-49 教学指导作品 / 沈小伟、何伟、潘晓锋

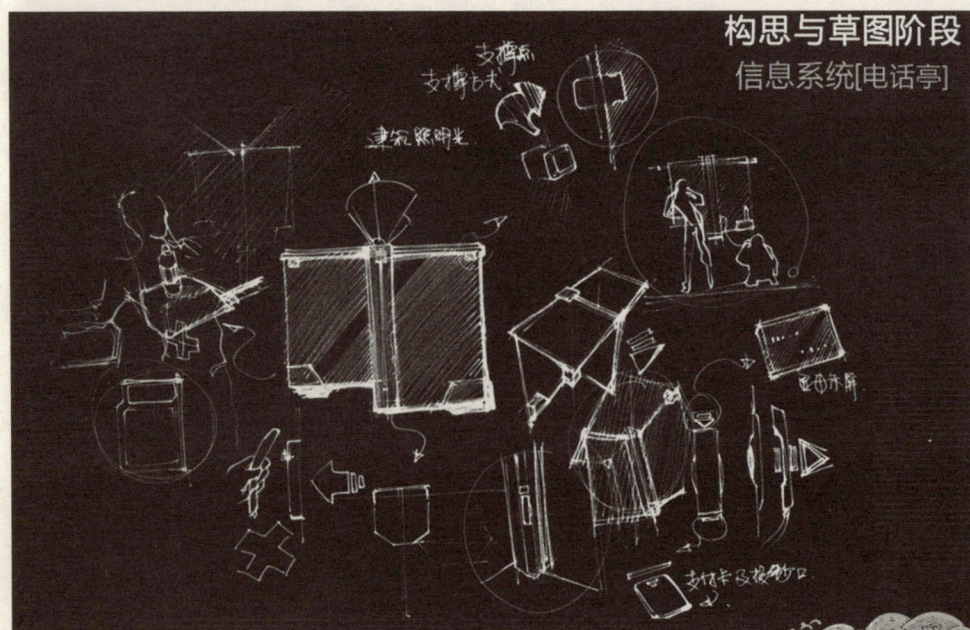

图6-50 教学指导作品 / 沈小伟、何伟、潘晓锋

（2）最终方案版面（图6-51～图6-53）

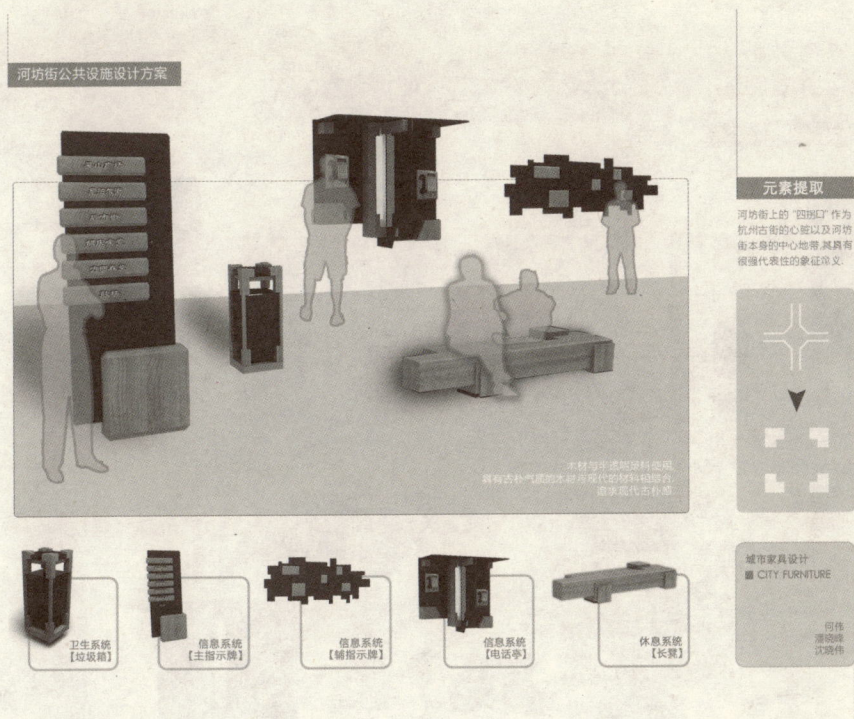

图6-51 教学指导作品/沈小伟、何伟、潘晓锋

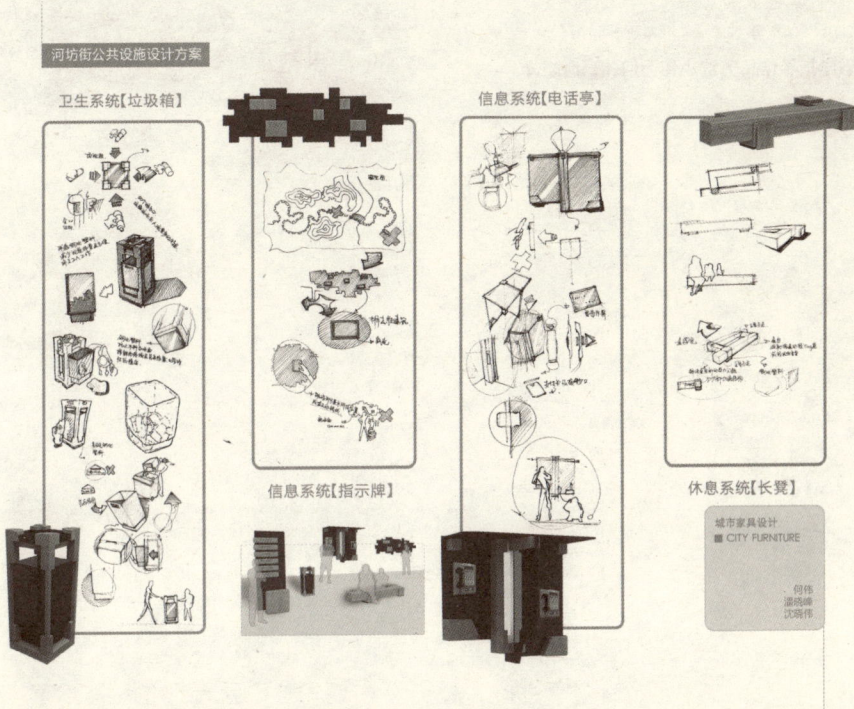

图6-52 教学指导作品/沈小伟、何伟、潘晓锋

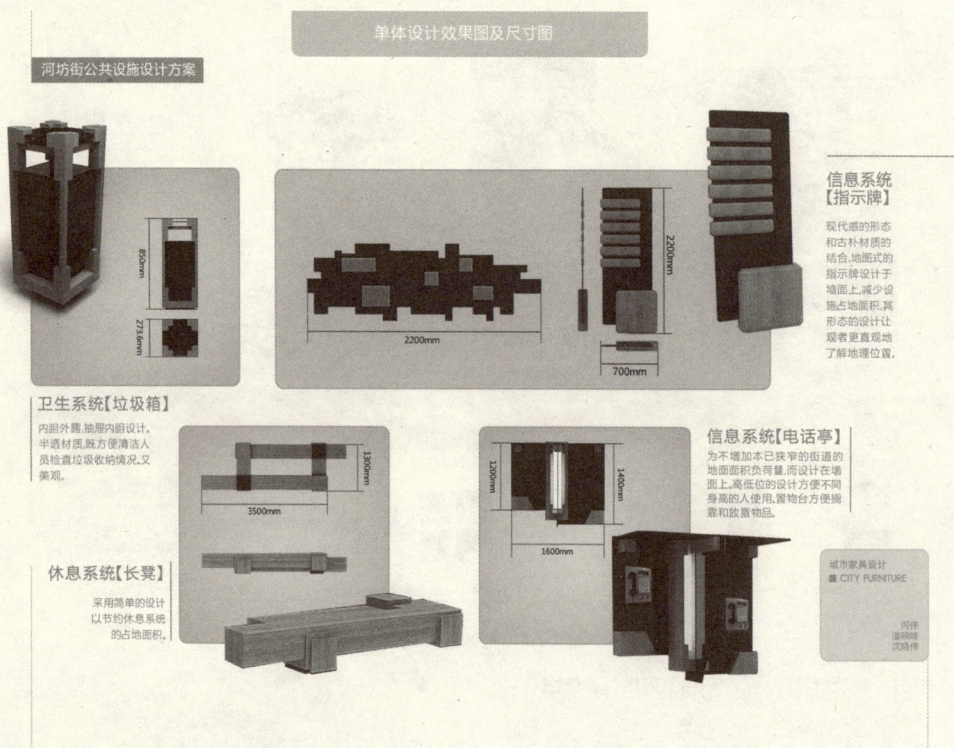

单体设计效果图及尺寸图

河坊街公共设施设计方案

信息系统【指示牌】

现代感的形态和古朴材质的结合,地图式的指示牌设计于墙面上,减少设施占地面积,其形态的设计让观者更直观地了解地理位置。

850mm
273.6mm
2200mm
2200mm
700mm

卫生系统【垃圾箱】

内胆外露,抽屉内胆设计,半透材质,展方便清洁人员检查垃圾收纳情况,又美观。

1300mm
3500mm
1200mm
1400mm
1600mm

信息系统【电话亭】

为不增加本已狭窄的街道的地面面积负荷量,而设计在墙面上,高低位的设计方便不同身高的人使用,围物台方便搁靠和放置物品。

休息系统【长凳】

采用简单的设计以节约休息系统的占地面积。

城市家具设计
■ CITY FURNITURE

何伟
潘晓锋
沈小伟

图 6–53　**教学指导作品／沈小伟、何伟、潘晓锋**

图 7-1 德国慕尼黑某博物馆入口处的人形标志牌

图 7-2 杭州湖滨路上的标志牌，用青砖与玻璃、角钢制成，富于时代感和历史感

图 7-3 杭州湖滨商贸街上现代感十足的标识

图 7-4 原木吊牌标志

图 7-5 杭州西湖天地指示系统

图 7-6 杭州信义坊商区某店家的墙面标志

图 7-7 湖南大学内岳麓书院的"古装书"形标志

图 7-8 简洁明了的指示

图 7-9 香港迪斯尼乐园内富有趣味化设计的指示牌

图 7-10 杭州西湖沿线利用地面浮雕效果而成的游览导线图

图 7-11 结合建筑设施的街钟

图 7-12 广场街钟

图 7-13 卡通型街钟

图 7-14 夏纳街头的胶片状铁制电话亭

图 7-15 巴西街头造型独特、趣味十足的鱼形电话亭

图 7-16　造型夸张的电话亭

图 7-17　杭州西湖沿线仿古亭式电话亭

图 7-18　北京奥体公园智能化的电话亭

图 7-19　造型现代、色彩醒目的街头电话亭

图 7-20　"橙子"状饮料亭，具有较强的视觉效果

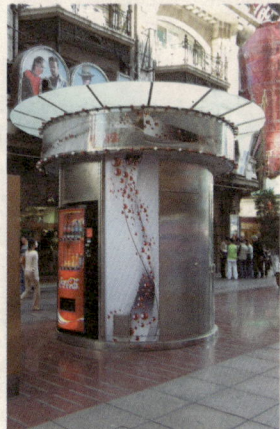

图 7-21　上海南京路上柱亭式自动售货亭

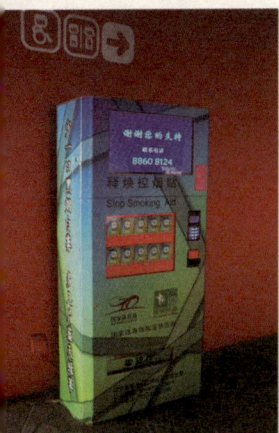

图 7-22　国家体育场内自动售货机

图 7-23　杭州西湖沿线可移动式售货亭

图 7-24　国家体育场的信息终端

图 7-25　香港街头的信息终端装置

图 7-26　挂壁式邮箱

图 7-27　色彩醒目的邮筒

图 7-28　与建筑环境相配的垃圾箱

图 7-29　富有设计感的有机玻璃垃圾筒

图 7-30　上海人民广场的兼具指示功能的垃圾箱

图 7-32　托盆式饮水器

图 7-31　造型简洁的分类垃圾箱

图 7-33　采用竹竿造型，具有质朴、自然气息的饮水器

图 7-34　入墙式用水器

图 7-35　满足不同需求的饮水器

图 7-36　美国旧金山街道的鱼形排水装置

图 7-37　利用鹅卵石铺设的暗置雨水井

图 7-38　与铺装结合较好的雨水井

图 7-39　体现地方建筑风格的公共厕所

图 7-40　日本东京上野公园环保公共厕所

图 7-41　移动式环保公共厕所

图 7-42　立柱式自行车架

图 7-43　独立式卡轮自行车架

图 7-44　钢架卡轮式自行车架

图 7-45　无锡蠡湖公园的"拇指"隔离设施

图 7-46　用铁链串联的石墩，既可起到隔离的作用，又可供人休息

图 7-47　多功能台阶

图 7-48　采用卵石与木格栅结合的景观隔离带

图 7-49　动态感较强的流线型台阶

图 7-50　层次丰富的台阶

|图7-51 具有空间景观效果的台阶 |图7-52 各式铺装

|图7-53 各式铺装

|图7-54 各式铺装

|图7-55 各式铺装

|图7-56 各式铺装 |图7-57 各式铺装

|图7-58 各式铺装

图 7-59　各式铺装

图 7-60　各式铺装

图 7-61　造型极具现代感的公交车站点 1

图 7-62　造型极具现代感的公交车站点 2

图 7-63　杭州南山路的公交候车亭，造型简洁、大方，与周围环境相互协调

图 7-64　造型简单、色彩明快的具有强烈视觉冲击力的广场景观天桥

图 7-65　与建筑风格协调一致的钢架玻璃楼梯

图 7-66　造型绿地中辟开的人行通道

图 7-67　各式休息坐椅 1

图 7-68　各式休息坐椅 2

图 7-69　各式休息坐椅 3

图 7-70　各式休息坐椅 4

图 7-71　各式休息坐椅 5

图 7-72　各式休息坐椅 6

图 7—73　儿童攀岩墙

图 7—74　儿童攀登架

图 7—75　色彩鲜艳活泼的儿童游乐滑

图 7—76　色彩鲜艳活泼的儿童游乐滑梯

图 7—77　木制儿童滑梯

图 7—78　各式老年人健身设施

图 7—79　各式老年人健身设施

图 7—80　各式老年人健身设施

图 7-81　墙体局部镂空，增加视觉通透性

图 7-82　围墙与绿化、碎石的组合，强化了墙体本身的视觉效果

图 7-83　无锡蠡湖公园指示性很强的围墙

图 7-84　水泥制作的仿竹竿纹理围墙，具有很强的肌理感

图 7-85　与建筑风格协调的围墙

图 7-86　天津万科水晶城内与绿化、铁架组合成虚实变化多样的景观墙体

图 7-87　采用钢架、玻璃的动态感较强的地铁入口

图 7-88　以通透的玻璃围合成的地下广场入口

图 7-89　上海新天地某店家用彩色琉璃砖制作的入口

图 7-90　构成感十足的景观入口

图 7-91　与环境融合的景区木制亭

图 7-93　小区六角休息亭

图 7-92　上海世纪公园内露天舞台的帆布篷，造型生动、谐趣

图 7-94　青岛滨水造型夸张的遮阳篷，成为空间的焦点

图7-95 滨水带现代感较强的景观廊架

图7-96 无锡市民广场造型独特的休息廊

图7-97 杭州湖滨路上的柱架，在日光的照射下形成丰富的光影效果

图7-98 杭州信义坊社区的柱架与水井的组合，丰富了空间节奏

图7-99 杭州信义坊社区的花岗岩柱子与青铜器具组合，透出浓厚的传统文化气息

图7-100 上海延中绿地的木制长桥

图7-101 无锡市民广场的景桥设置，丰富了空间的层次

图 7-102　景区木制长折桥

图 7-103　平静的水面透出池底精美的图案

图 7-104　对水景的设计实际是对水器的设计

图 7-105　自然、轻松的水榭设计

图 7-106　通过长条石的有序布置，形成落水景观

图 7-107　上海新天地入口的落水设计，利用黑色花岗岩和玻璃的组合，产生强烈的水质感

图 7-108　仿自然山水工的瀑布式水景

|图 7-109　丝落水景观 1

|图 7-111　香港迪斯尼乐园的结合卡通形象的水域景观

|图 7-110　丝落水景观 2

|图 7-112　心形喷泉动感十足

|图 7-113　窗台花卉种植器，既可驱蚊，又美化环境

|图 7-114　雕塑喷泉

|图 7-115　各式树池设计 1

图 7-116　杭州武林路花架式种植器　　图 7-117　街头多功能种植器　　图 7-118　各式树池设计 2

图 7-119　各式树池设计 3

图 7-120　慕尼黑机场停车场顶部的楔形草坪

图 7-121　各式树池设计 4

图 7-122　图形感很强的广场绿化设计

图 7-123　巴黎雪铁龙公园中矩形斜坡式草坪设计

图 7-124　各式树池设计 5

图 7-125　美国加州某私人庭园中以娃娃泪苔藓与黑色砾石所形成的花台

图 7-126　与建筑外观结合产生虚拟效果的建筑壁画

图 7-127　广场花坛

图 7-128　趣味性墙面设计

图 7-129　杭州湖滨路商业灯箱广告

图 7-130　日本商场外具有雕塑感的"树"形展示橱窗

图 7-131　上海南京路上利用立体字体的设施广告

图 7-132　商场内造型夸张、色彩眩目的设施展示

图 7-133　苏州工业园区内面向金鸡湖的雕塑——"圆融"

图 7-134　上海滨江大道的景观雕塑——"锚"

图 7-135　纽约曼哈顿区广场上的行为雕塑

图 7-136　北京奥体公园的"火炬手"

图 7-137　白色洁净的母女雕塑，造型尺度宜人，显得温馨、可爱

图 7-138　青岛啤酒园内的主题雕塑

图 7-139　杭州西湖沿线街头景观雕塑——逗鸟、下棋、喝茶

图 7-140　街头装置——"移动"景观

图 7-141　杭州湖滨路的"引水"装置雕塑

图 7-142 超现实的艺术手法增强视觉冲击力

图 7-143 利用正负图形原理设计的皮影装置

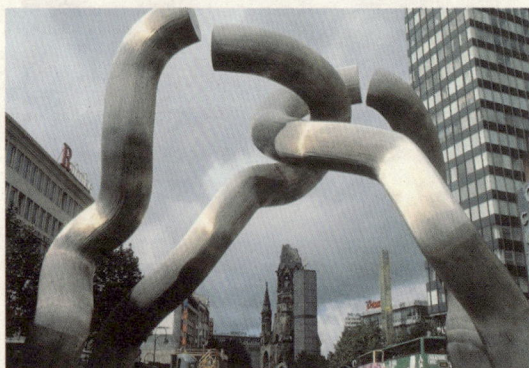

图 7-144 这是 20 世纪 80 年代德国一位 78 岁老太太的作品，取材于期待两德统一，它成为德国民族心愿冲破唯意识形态桎梏的见证

图 7-145 逼真的采莲蓬的少女

图 7-146 管理亭

图 7-147 井盖设施 1

图 7-148 井盖设施 2

图7-149　道路标识－自行车道

图7-150　道路安全标识－残疾人道

图7-151　道路安全标识－减速标识

图7-152　无障碍设计

图7-153　挡土墙

图7-154　挡土墙

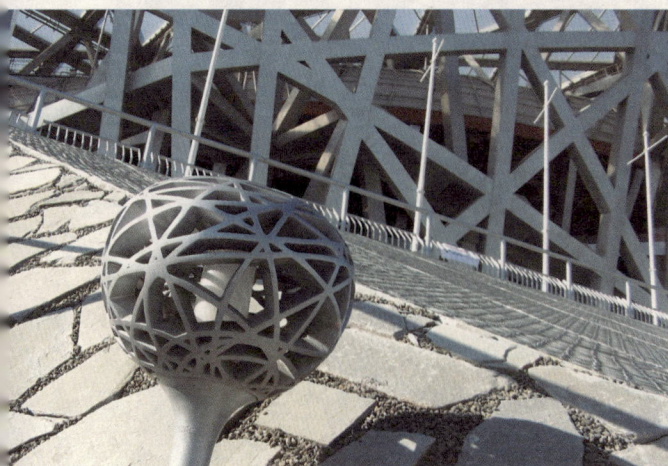
图7-155　鸟巢、护坡、灯具——统一元素的设计

图7-156　苏州金鸡湖滨水灯柱

图 7-157 眩彩的道路照明景观

图 7-158 幽静、梦幻的庭院照明

图 7-159 广场夜景照明效果

图 7-160 喷泉的照明效果——沸腾的水

图 7-161 在冷暖两色灯光照射下的桂林日月塔

图7-162 上海外滩迷人的夜景

图7-163 建筑轮廓装饰照明

图7-164 内透光装饰艺术照明

图7-165 装饰照明映射下的江南水乡

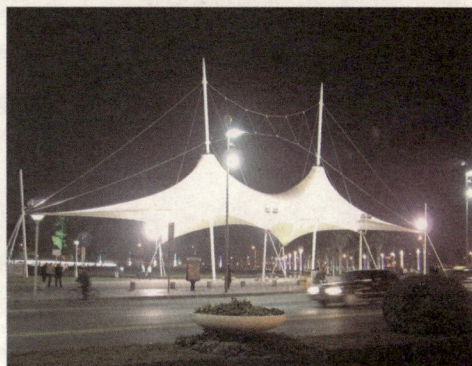
图7-166 帆布篷在灯光照射下的另一番意境

主要参考文献

[1] ［丹麦］扬·盖尔著、何人可译．交往与空间．北京：中国建筑工业出版社，2002，10．

[2] ［日］丰田幸夫著、黎雪梅译．风景建筑小品设计图集．北京：中国建筑工业出版社，1999，6．

[3] 高祥生、丁建华、郁建忠编著．现代建筑环境小品设计精选．南京：江苏科学技术出版社，2002，6．

[4] 束晨阳编著．城市景观元素·Ⅰ——国内篇．北京：中国建筑工业出版社，2002，2．

[5] 汤重熹、熊应军编著．城市公共环境设计3：公共交通、照明及管理设施．百通集团 新疆科学技术出版社，2004，12．

[6] 韩巍、刘谯著．室外景观艺术设计．天津：天津人民美术出版社，2003，8．

[7] 王胜永主编．室外小环境设计．北京：中国电力出版社，2004，3．

[8] 邵龙、赵晓龙著．走进人性化空间——室内空间环境的再创造．河北美术出版社，2003，8．

[9] 任仲泉著．城市空间设计．济南：济南出版社，2004，2．

[10] 姚时章、蒋中秋编著．城市绿化设计．重庆：重庆大学出版社，2000，1．

[11] 梁展翔编著．室内设计．上海：上海人民美术出版社，2004，6．

[12] 席田鹿编著．设计原理．辽宁美术出版社，2004，1．

[13] 张展、王虹编著．产品设计．上海：上海人民美术出版社，2002，1．

[14] 何晓佑著．设计问题——设计方法教程．北京：中国建筑工业出版社，2003，12．

[15] 北京照明协会、北京市政管理委员会编．城市夜景照明．北京：中国电力出版社，2004，12．

[16] MINKAVE 城市灯光环境规划研究所编．21 世纪城市灯光环境规划设计．北京：中国建筑工业出版社，2002，2．

[17] 桂元龙、杨淳编著．产品形态设计．北京：北京理工大学出版社，2007，9．

[18] 魏婷编著．城市微观环境设计．重庆：西南师范大学出版社，2004，11．

[19] 冯信群编著．公共环境设施设计．东华大学出版社．2006．

[20] 卢世主，韩吉安，况宇翔编著．产品设计方法．2007．

[21] ［日］原研哉著、朱锷译．设计中的设计．山东人民出版社．2006．